「聞く力」こそが最強の武器である

國武大紀

フォレスト出版

はじめに

ある日の夕方、私は、妻と久しぶりに話す機会がありました。

家族との夕食後、いつもは仕事で疲れてソファに寝転がるか、持ち帰った仕事をするために自室に閉じこもるのですが、この日は違いました。

「ちょっと聞いて欲しいことがあるの」

妻が普段とは明らかに異なる様子で言ってきたからです。なんとなく居心地の悪い空気を感じました。妻が話し始めました。子供のことについての相談でした。

私は、妻の話に対していつもよりも耳を傾けて聞いていました。妻の話を聞きながら、その都度アドバイスをしました。

「……したほうがいい。それは違うと思うな……。こういう方法もあるじゃない？」するると、妻が不機嫌になり、黙りこんでしまいました。「なんで？」ちゃんと聞いているのに。気がつくと、妻の頬には涙がこぼれ落ちていました。

「私の話をちっとも聞いてくれていないわね」

私は、わけがわからなくなり、とても困惑しました。

「ちゃんと聞いてるよ！」思わず声を荒らげてしまいました。

「私はあなたからのアドバイスなんていらない。ただただ私の話をそっと聞いて欲しかっただけ。それだけでいいの」

言葉を失いました。自分ではちゃんと妻の話を聞いているつもりでした。

でも妻はまったく聞いてもらっている感じがしていなかったのです。思えば、私は妻の話を聞くとき、いつもアドバイスやコメントをしていました。

妻は、私の発言に対して「はい、はい」と煙たそうにしていたので、私は、「じゃ、自分の考えはどうなの？」と、さらに追い打ちをかけていたのです。

妻は言いました。

「あなたは人の話を聞いているようで、まったく聞けていない」

この時の体験は、今でも記憶に鮮明に残っています。

あなたはどうでしょうか？

人生・仕事に使える「最強のスキル」の秘密

私は現在、エグゼクティブコーチとして、日々会社の経営者からビジネスパーソンまで、夢や目標の実現を応援したり、その人が本来持っている能力や才能を引き出したりする仕事をしています。

社会人1年目に大銀行で働いたのちに、国際協力機構ＪＩＣＡに入り、16年間で40

カ国以上300件を超えるリーダー人材の育成や組織開発に携わりました。その後、外交官（外務省OECD日本政府代表部一等書記官）としても働いたのち、プロコーチとして独立しました。

その間には、イギリスのロンドン政治経済大学院（LSE）に留学し、組織心理学の修士号も取得。そこではリーダーシップ理論、モチベーション理論、チーム・ビルディング、意思決定、組織変革、ナレッジ・マネジメントなどを学びました。

私自身が国内外のリーダーやビジネスパーソンと関わりながら様々な経験をし、国内外を問わず第一線級の人と数多く仕事をしてきた中で、

「ビジネスのみならず、人生そのものに必要不可欠なスキルとはなんだろう？」

と考えた時、それはひとつしかありませんでした。

それが**「聞く力」**です。

ビジネス、人生の苦難や問題を切り抜けるためのスキルは、話し方や伝え方でもなく、頭の回転の速さやロジカルシンキング、フレームワークでもない。

結論として**「『聞く力』こそが人生を生き抜く最強の武器である」**ということです。

それでは、なぜ聞く力が最強なのか？

人間関係のほとんどの問題は、自分が理解・共感してもらえないことから起こるからです。相手に対し、どれだけロジカルに言葉を尽くして語ったとしても、相手に対する理解しようという思いや共感がなければ、人は動いてくれません。

「人は論理ではなく、感情で動く」というのは手垢のついた言葉ですが、まさにその通りなのです。

「聞く力」があれば人間関係の悩みのほとんどは解決します。

「ちゃんと人に向き合い、相手の話をきちんと聞ける」

そのスキルがあるだけで、人間関係だけでなく、仕事も人生もうまくいくのです。

人は誰もが一人で生きることはできません。

職場の上司、部下、取引先、家族、パートナー……など、あらゆる活動は人との関わりの中にしかありません。そこでいい信頼関係を築けなければ、人に動いてもらうことも、協力してもらうこともできないのです。

本書では、**「人に好かれ、信頼関係を築く『聞く力』」「会話・雑談が弾む『聞く力』」「相手から情報・本音を引き出す『聞く力』」「自分を動かし、人生を変える『聞く力』」**などをご紹介していきます。

「聞き上手」の人ほど、欲しい結果を手に入れる

人の話を聞けない自分本位な人間は、人から信頼されません。

聞くことができなければ、コミュニケーションは成立せず、仕事やプライベートもうまくいかないのです。

私は、プロのコーチとしてコミュニケーションを専門に扱う仕事についてから、幾度となく「聞けない」ことが原因で、仕事やプライベートで失敗している方々を数多く見てきました。

一方、**「聞く力」を身につけた人が、みるみると変化していき、人生のあらゆる局面で欲しい結果を手にしてきたのも目の当たりにしています。**

世の中では、一般的に、外向的で話し上手な人がもてはやされています。

ですが、コミュニケーションの現場をよく観察すると、「聞く力」を持っている話し下手な内向型の人が、人からの信頼を得て、結局、人生でも成功しているケースが多いのです。

『内向型人間の時代』（講談社）の著者スーザン・ケイン女史は、内向型人間の特徴のひとつとして「聞き上手」を挙げています。聞き上手であればこそ、相手との深い信頼関係が築けたり、普通なら得られない情報を得ることができたりするのです。

ただし、「聞く」といっても、ただ漠然と相手の話を耳に入れることではありません。「聞く」という行為は、受動的なものではなく、むしろ極めて能動的な行為です。

慣れないうちは、かなりのエネルギーを消耗する場合もあります。

ですが、深いレベルの聞き方ができるようになると、人の人生を変えてしまうほどのインパクトを与えることもできます。クライアントのパフォーマンスが向上したり、人間関係が劇的に変化したりすることも多々あるのです。

「聞くは易《やす》く、行うは難《かた》し」

「聞く」とは、「相手のよき理解者となる」ということでもあります。ゆえに、聞くこと自体は、たやすくとも、相手のよき理解者となるには、正しい聞き方を身につけていく必要があります。

でも心配はありません。本書では、私のような元来の聞き下手であっても、聞き上手になれるコツをお伝えしています。

本書を手にされた方が、「聞く力」という強力な武器を手にし、豊かな人生を送られることを願ってやみません。

國武大紀

第1章

コミュニケーションにおける最強の武器は「聞く力」である

第2章 人に好かれ、信頼関係を築く「聞く力」

第3章

会話・雑談が弾む「聞く力」

第4章

相手から情報・本音を引き出す「聞く力」

第5章

自分を動かし、人生を変える「聞く力」

ブックデザイン：小口翔平＋保延みなみ（tobufune）
DTP：野中賢（システムタンク）
プロデュース・編集協力：鹿野哲平

第1章

コミュニケーションにおける最強の武器は「聞く力」である

話を聞いているのに、聞けていない人

——話し下手の内向型人間でも最強の武器を持てる

「内向的な人は不利だ」とよく言われます。

実際、多くの企業が求める人材の条件として、「積極性」や「外向性」が重視されています。海外進出や他分野への事業展開を目指す企業が増える中、積極的に人と関係を築ける力が求められています。

どんどん外に出て発信していける外向的な人も重宝されています。表だって内向的な人材を求める企業はほとんどないでしょう。

プライベートでも内向的な人は敬遠されがちです。

モテる人は、会話上手だし、お笑い芸人がもてはやされるのも「話が面白い」からです。

こんな話を聞くと、内向的な人は、もはや社会の不適合者かのようです。成功の道を閉ざされた人生の敗北者ではないかと悲観される人もいるでしょう。

ところが、内向型の人でも周りの人たちから評価され、仕事やプライベートでも大活躍できる方法があります。

反対に、外向的で会話上手なはずの人が、人から信頼を失ったり、仕事で失敗してしまうこともあります。

「傾聴《けいちょう》」という言葉を聞かれたことはありますか？

私は、これまで何度も「傾聴」の持つパワーを実感しています。

コミュニケーションの達人とも言われるプロコーチとして、私はこれまで数多くの方々と対話を重ねてきましたが、傾聴は、コミュニケーションの中で最も重要なスキルだと確信しています。それはなぜか？

実は、世の中には「話を聞いているのに、聞けていない人」がたくさんいるからです。こんなケースが以前の職場でありました。

部下「課長、ちょっと相談したいことがあります」
課長「いいよ。じゃ今ここで話してくれる？」
部下「ここだとちょっと話しづらいのですが、実は業者ともめていまして……」
課長「うん。うん。なるほど。言いたいことはわかった。結論から言えば……だ。後は僕が引き受けるから、もういいよ」
部下「あ、はい。そうですか……。わかりました」

課長は、部下の話を聞こうとはしていたのですね。ところが、頭の回転が速いのでしょうか。部下が一言、二言話したら、すぐに自分の考えを語り出し、部下の話をそれ以上は聞こうとしませんでした。
課長は、相談しても話を聞いてくれてないな、と。
なので、部下たちはできるだけ課長には相談しないようにしていました。

そうすると何が起こるか？

部下の力ではどうにもならないくらいに問題が大きくなってから、課長に報告されるという事態が発生しだしたのです。

課長は激怒するし、部下も途方に暮れるという始末。これでは、話を聞いているといっても、聞けていることになりません。

部下の様子や表情には一切意識を向けることなく、二言、三言聞いたら、すぐに持論を持ち出して結論を言って終わり。本当はもっと自分の気持ちを伝えたかったのに受け入れてもらえなかった、という後味の悪さがいつも残りました。

一方、こんな上司もいました。

すごく物静かで話もあまりしない。本人自ら「私は口下手で内気な人間ですから」と言っていたほど。でも、部下からとても慕われ、信頼もされていました。

その上司は、人と話すとき、必ず相手の顔や仕草を見ながら（だけどごく自然に）、相手がとても話しやすい場をつくってくれる。相手がちゃんと話し終えるまで、一切口を挟まずに、優しいまなざしで聞き続けてくれたんです。

そして何よりも、話す人の「気持ち」を受け止めてくれたんですね。

誰もが相談しやすいから、言いづらいこともすぐに報告されます。だから、大きなトラブルはまったく発生しない。それだけでなく、さまざまな情報が上司のもとに届くようになるので、上司にとっても、より的確な指示が出しやすいのです。

このとき、上司が実践していたのが「傾聴」でした。

傾聴とは、「相手を少しでも理解しようと心を傾ける」こと。「聞く力」の最も基本となる聞き方です。

この上司のように、話し下手で内気であっても、仕事や人間関係を成功させることは十分にできます。内向的な人が持っている最強の武器は、この「聞く力」なのです。

もちろん、外向的な人であっても「聞く力」を身につけることはできます。

お伝えしたいことは、世間一般であまり評価されない「内向型人間」であったとしても、何ら心配する必要はないということ。

むしろ、「聞く力」という最強の武器を駆使して、人生のあらゆる局面で大きな成果を成し遂げることができるのです。

聞くことができるだけで、仕事もプライベートもうまくいく

――「聞く力」とは相手を理解する力

「聞く力」とは何か？

私の答えはシンプルです。

それは、**「相手を理解する力」**です。相手を理解するには、2つあります。

ひとつは、「相手の話の内容を理解する」こと。

そして、**もうひとつは「相手の気持ち（感情）を理解する」こと**です。

さらに、相手をより深く理解するためには、相手の話を聞く際に、自分の解釈を加えないで、ありのまま話を聞くこと。

途中で口は挟まないようにし、言葉以外のメッセージ（非言語メッセージと言います）

に意識を向けて聞ければ、相手の気持ちもわかるようになります。具体的には、

- **相手の顔の表情はどうか？**
- **声のトーンは明るいか、暗いのか？**
- **身体の姿勢はどうか？**
- **緊張していそうか？**

など、**さりげなく自然に観察する**ことです。この2つの視点で聞くことができると、相手は深いレベルで「自分が理解された」と感じます。これが本当の「聞く」です。

一流の人ほど、「聞く力」の重要性を知っている

私はこれまで、仕事がずば抜けてできる人たちと一緒に仕事をする機会がありました。外務省、外資系コンサルタント、億を超える年収を稼ぐ凄腕起業家、業界トップクラスの営業マン等々。そして、意外にも、できる人ほど口数が少なく、内気なタイ

プがほとんどです。

彼らは自分から積極的に話しかけたり、自分を売り込んだりしません。

それはなぜか？


できる人は、「相手を理解することの大切さ」を知り尽くしているからです。相手のこれまでの経歴はもちろん、相手はどんな人なのか、相手は何を求めているのか、と少しでも相手を理解しようとします。

耳と心の両方を傾けるのです。

「耳を傾ける」とは、相手の言葉による情報を聞くということ。

「こういうサービスがあるともっといいなあ」とか「このタイプの器具は使いにくいんだよね」といった、相手が言葉にして伝えてくれる情報です。

それに対して、「心を傾ける」とは、相手の気持ち（感情）に意識を向けて聞くこと。

「おや、顔の表情が明るくなったな」、「目の色が変わってきたわ！」という感じで言葉以外のメッセージを観察します。

たとえば、できるビジネスパーソンは「人が物を買うのは、理屈ではなく感情である」と知っているので、**言葉だけの情報でなく、言葉以外の心の動きにも常に意識を向けています。**相手を理解することの大切さを知っているからこそ、自分から積極的に話したりしないのです。

外資系保険業界のトップに君臨するプルデンシャル生命保険の八木昌実氏は、日本一売れないマネージャーを全国1位に変えたり、全国最下位だったチームを全国2位にまで導いたりした伝説のマネージャーです。

お客様はもちろんのこと、部下に対してもプライベートな相談も含めて、「とことん話を聞いた」と語っています。

プライベートな話は、相手が心を許さなければ話せるものではありません。八木氏は、まさに「相手の気持ち」を聞き続けたからこそ、部下との信頼関係を深く築いて、最下位の営業マンやチームをトップレベルにまで導いたのだといえます。

一流のマネージャーは、信頼関係をつくるために「話す」よりも「聞く」ことを大切にしているのです。

話を聞いてあげるだけで、問題は解決する

この「聞く力」を手にすると、プライベートもうまくいくようになります。

私は、クライアントさんから、家族関係や恋愛などのプライベートなことについてもよく相談されます。

とある方が、夫婦関係がうまくいかないと相談に来られました。話を伺ってみると、互いの意見のぶつかり合いで夫婦関係が悪化。「夫が私のことを理解してくれない」とのこと。30分くらい話されたでしょうか。話を聞き終えると、その方は涙を流しています。

「初めて私の気持ちを聞いてもらった気がしました。本当にありがとうございます」

私は、その方の気持ちを受け止めながら傾聴し続けただけです。一切のアドバイスをすることはありませんでした。

数日後、その方から連絡がありました。

「その後いかがですか？」と伺うと、「それ以降、関係は回復しました。國武さんに話を聞いてもらったおかげで、自分の気持ちが晴れてスッキリできたからです」とのこと。

人は普段、人の話を聞いているようで、実はほとんど聞けていません。

相手に意識を向けて傾聴するには、かなりのエネルギーが必要になります。日常会話で傾聴してもらえる機会はほとんどないでしょう。だから、「自分のことを本当に聞いてもらった」という体験はあまりないのが実態ではないでしょうか。

本当に聞いてあげれば、相手は自分のことが理解されたと感じるのです。

理解されると互いの距離は近くなり、そこに信頼関係が生まれます。

「聞く」とは、相手の話（言葉）だけでなく、気持ち（感情）もしっかりと聞いてあげること。「聞く力」を持つだけで、仕事もプライベートもうまくいくものなのです。

信頼関係が築けない人は、話し下手じゃなく聞き下手

相手に対して好奇心を持つことから始めよう

信頼関係は互いを理解することから始まります。

互いを理解するにはまず、互いのことを知ること。でも、実際にどうやって相手のことを知ったらいいのか、戸惑う場合も多いのではないでしょうか。

実はシンプルです。

それは、相手に対して「好奇心から関わる」こと。

だからといって、何か自分から積極的に話しかけたり、興味ある話題で相手を引き込んだりする必要はありません。

無理に話す必要はなく、好奇心を持って相手の話を聞くよう意識することです。

「相手に好奇心を持てない場合はどうするの？」と聞く人がいますが、そもそも好奇

心を感じない人と信頼関係を築く必要があるの？　と突っ込みたくなります（笑）。

冗談はさておき、実は始めから相手に好奇心が湧かなくても、相手の話を聞いているうちに相手に興味が湧いてくることが結構あります。


こんなことがありました。

私がとある研修セミナーに参加した時のこと。

知り合いが誰もいない中、ランチの席でたまたま一人の男性が隣に腰掛けました。間の悪い空気に「何かしゃべりかけたほうがいいかな？」と心の中で思いつつも、その男性に興味は湧かず話しかけずにいました。

結局私は、その場の空気に耐えきれず、「どちらから来られたんですか？」と一言話しかけました。そうしたら、「関西から来ました」とのこと。「関西のどちらから？」と聞き返すと、なんと私と同じ出身地の「滋賀県！」。

偶然ではあったのですが、まったく興味も感じなかった相手に対して、一気に興味が湧き、互いの距離があっという間に近くなりました。

このように最初から相手に対して好奇心がなかったとしても大丈夫。相手の話を聞いているうちに、共通点が少しでも見つかると、互いに興味が湧いてきて親近感を感じられるようになります。

この親近感が、信頼関係へとつながっていくのです。

聞くのが下手な人は何が間違っているのか？

ところが、信頼関係を築けるせっかくの機会があっても、それを台無しにしてしまう人がいます。それは、「聞き下手な人」です。

話し下手な人はいくらでもいると想像できますが、聞き下手な人とはあまり言うこともないですし、すぐにイメージが湧かないかもしれません。

でも実際に多いのです。

聞き下手な人の典型は、「相手が話している途中で話を遮る人」です。

たとえば、次のような具合に。

自分「この前、知り合いと飲みに行ったとき口論になってしまって……それで私は、」
相手「どうして口論になったの？」

言葉をかぶせるように話を遮る。このような人は、相手の話を聞こうとはしていません。単に自分の関心事にしか意識が向かない人です。このように口を挟まれては話しづらくてしょうがありません。

聞き下手な人の特徴はほかにもあります。

「生返事しかしない人」です。まず相手のほうに顔や身体を向けません。相手が話しかけても「うん、あ、そう」と無関心な生返事しかしません。別のことを考えたりしています。かくいう私も以前はそうとうひどい聞き下手でした。

子供「お父さん、ちゃんと人の話聞いている？」
私　「あ、うん。聞いているよ」
子供「じゃ、今何を話していたか教えて！」
私　「ポケモンの話でしょ？」

子供「ドラえもんの話だよ！　まったく聞いてないね。呆れるわ！」

笑えない話です。相手にそもそも意識が向けられていない。

これでは信頼などされるはずがありません。ほかにも、相手が緊張してしまうような態度で聞いたり、相手の話したことを批判したり、求められてもいないのに持論を展開したり、話が長かったりなどの特徴があります。

このような聞き下手な人は意外に多いのではないでしょうか？

これでは、相手と信頼関係をつくるのは至難の業。相手からしたら、

「私には関心がないんだ（嫌われているのかも）」

「私のことを大切に思ってくれてない（軽く扱われている）」

というふうに感じてしまいます。「結局、この人は自分のことしか考えていないのね」と「自己中」のレッテルを貼られてしまいます。

話すのは得意だけど、人間関係がうまくいかない。

そう感じる人は、**話すことよりも聞くことに意識を向ける**といいでしょう。

あなたが話している時よりも、驚くほど相手から多くの情報が得られ、興味を持てるチャンスがやってきます。


信頼関係を築くには、話し上手でなくていい。

好奇心を持って相手のことをまずは聞いてあげるだけでいいのです。相手が話してくれることで、相手のことをたくさん知ることができます。

自分との共通点や何らかの接点が見つかれば、親近感が生まれる。相手に対する好奇心は信頼関係をつくる出発点なのです。

雑談力のキモすらも、「聞く力」が握っている

雑談がうまい人ほど「for youの視点」を持っている

雑談力とは、「聞く力」です。

雑談の達人は、「聞く」ことをとても大切にしています。雑談と言えば、つい自分が何か話すことに意識が向きがちですが、そうではありません。

空前の大ベストセラーとなった『超一流の雑談力』（文響社）の著者である安田正氏は、著書の中で次のように述べています。

「三流は人の話をまったく聞かない」
「二流は聞いたフリだけうまい」
「一流は相手が気持ちよくなる聞き方をする」

安田氏は、「雑談とは本来、人間関係や仕事の質を根本から変えてくれる魔法のようなメソッド」とも語っています。

実際、雑談のレベルが上がると、自分に対する評価や印象がガラッと変わります。仕事が円滑に進み成果につながったり、人間関係でも悩まされなくなったりします。雑談は、単なる無駄話ではなく、人生を豊かにするための大切な日常会話なのです。

とはいえ、**雑談で気の利いたことを話すのはなかなか難しい。だったら、相手が心地よくなるような聞き方をすればいいんです。**

たとえば、相手が「今日の日替わりランチ、美味しいですね！」と話しかけてきたとします。

そこで「え、美味しいですか？」と聞き返したら、自分に悪気はなくても、相手は否定されたと感じてしまいます。自分は「今日のランチはまずい」と思っていたとしても、ストレートに表現すると相手の感情を害することがあります。

ではどうするか？

「美味しいんですね！　よかったですね！」と、シンプルに相手の感情の表現を繰り返してあげる。これだけでいいのです。声のトーンや顔の表情を見れば、感情がこもっているかどうかは判断できます。

この感情のこもった表現に呼応してあげるだけで相手は心地よくなるのです。これを「共感」といいます。

反対に、自分がいつも美味しいと感じていないのに本心に逆らって「そうですね！　美味しいですね」と同感してしまう人がいます。これでは、自分にストレスをかけるだけです。

「共感」と「同感」は同一視されがちですが、実は大きく異なります。

「共感」は、自分が同意していなくても、相手がどう感じているかがわかることを言います。

「同感」は、同じ気持ちになる、賛成する、ということです。

そんな時は、「自分は違うけど、あなたはそうなのね」と共感してあげるだけでいいのです。

無理に同調していくのではなく、相手の感情表現に対して共感してあげるだけ。それだけで相手は心地よくなるのです。

なぜなら、「共感」は心と心のつながりを生むコミュニケーションだからです。共感された相手は、自分の気持ちが受け入れられたと感じます。人間には受け入れられたいという「承認欲求」が本能的にあるので、この承認欲求を満たしてあげることが「聞き方」の大切なポイントです。

for meの対話 から for youの対話へ

そしてもうひとつ。雑談を成功させる重要なポイントがあります。

それは、for me（自分のため）ではなく、for you（相手のため）という立場で相手と対話すること。

雑談で自分が話したいことばかり立て板に水のごとく話していたら、相手はうんざりしてしまいます。相手が「ぜひ、話を聞かせてください！」と言っていれば別かもしれませんが、言いたい放題では、雑談が持つ魔法は発揮されません。

そうではなく、for youの立場に立って相手と対話する。

たとえば、

「相手は何を求めているんだろう?」

「相手はどんな気持ちなんだろう?」

そんな好奇心を少し持って関わっていけば、自然と会話は楽しく流れていくものです。


結局、人は自分の話を聞いてもらいたいのです。


雑談で下手な話題を切り出してウケようとしなくても問題なし。相手の感情表現にシンプルに共感してあげるだけで十分です。

共感できる聞き方ができれば、互いの心がつながっていきます。結局、「聞く力」さえあれば、雑談もうまくいくのです。

「何を聞くか」ではなく「どう聞くか」

会話の苦手な人が心がけたい大切なこと

会話を弾ませるために、話のテーマや内容を「何」にするか、いろいろと悩む人も多いでしょう。

「何（What）」は、相手に対して何を聞いたらいいのか、です。

たしかに、「何を聞くか」も大切ですが、経験と知識の積み重ねが必要になります。相手がどんな人なのかをある程度理解していないと、ピントがずれたことを聞いてしまいかねません。

何（What）は、知識と言語の世界。知識と言語を駆使するには時間がかかります。

一方、「どう（How）」は、相手に対してどのような聞き方をしたらいいか、です。

気の利いたことを話さなくても、聞き方次第で会話上手に思われます。

反対に、聞き方を間違えると反感を買います。

だからこそ、**会話の苦手な人は、まず、どう（Ｈｏｗ）聞くかに意識を向ける**と結果が変わります。

以前の職場でこんなことがありました。

別の課の後輩Ａさんが、同僚のＢさんに仕事のことで相談していた時のこと。

Ａさんが「それで……関係者の方が……クレーム言い出されて……」と話し始めると、Ｂさんは早口で「関係者って誰？　クレームって具体的には？　ちなみに、いつ発覚したの？」とまくし立てる。

Ａさんは、途中で完全に固まってしまい「やっぱりいいです」と相談するのを止めてしまいました。

「Ｂさんのペースが速すぎて、話を聞いてもらっている感じがまったくしなかった」と悲しそうな顔のＡさん。

「話を聞いてもらいたい」と私に相談に来ました。

そもそもＡさんと私は部署が別。仕事内容も異なるので背景すらわかりません。

なので、当時私がしたことは、「うなずき」と「相槌《あいづち》」だけでした。

それ以外は何も話さず。でも結果的に、Ａさんは上機嫌になりました。

実は「うなずき」と「相槌」は、「最も使える効果的な聞き方（Ｈｏｗ）」です。

「うなずき」は、頭を上下に動かす動作です。

この時、相手の話すペースに合わせて相手の目を見ながらうなずきます。また、相手の感情が強くなった時に大きくうなずいてあげると、さらに相手は聞いてもらった感が高まります。

言葉ではなく、感情を共有し合うのです。

一方、「相槌」は、短いフレーズで呼応するものです。

たとえば、「うん、うん」「そうだね」「なるほど！」「おお〜！」などです。

「相槌」も「うなずき」と同様に、相手の感情にフォーカスしながら、声のトーンを合わせて呼応します。好奇心を持って相手に関わるとさらに効果を発揮します。

無関心に生返事するかのように相槌を打つと、逆効果です。「なんだ、その態度は？」と反感を買うこともあるので気をつけましょう。

会話に自信がない人は、何を聞くかよりも、まずどう聞くかを大切にしましょう。

「うなずき」や「相槌」を意識するだけで、ずいぶんと会話上手になります。

聞き方に慣れてくれれば、相手の好感度も上がり、相手との関係も深まってきます。


「何を聞くか」も時として大切ですが、本当に大事なのは「どう聞くか」です。


コミュニケーションは、単なる言葉の情報交換ではありません。

どう（Ｈｏｗ）聞くかは、感情と非言語の世界。言葉をほとんど使わずに、相手の気持ちに合わせて少し身を動かすだけ。それだけでも相手とつながることができる。

大切なのは頭よりも心なのです。

「話せないなら、聞けばいい」は嘘である

聞き役に徹してしまう人の落とし穴

「話すことが苦手なら、聞き役に徹すればいい」

こう考える人がいます。話すことよりも聞くことが大切だと知っている人なら、なおさらそう思われることでしょう。残念ながら、実はそうではありません。そんな単純でもないのです。

そもそも最初から「聞き役に徹しよう」というのは、自分本位な姿勢です。話すのが苦手だからとか、面倒だとか、逃げの姿勢の表れです。

つまり、相手との会話に参加しようとしていません。

「聞き役に徹しよう」と思い込む前に、まずは、「相手を理解しよう」という姿勢が大切なのです。

仮に聞き役に徹するのなら、その意図を明確にする必要があります。

たとえば、「相手と仲よくなりたい」、「相手からある情報を得たい」、「相手にある商品を買ってもらいたい」など、意図を明確にしないと、聞くこと自体が目的化してしまいます。これでは時間の無駄。

また、話すのが苦手だから聞き役に徹しよう、という逃げの姿勢だと、相手にそのことが敏感に伝わるので相手は気を悪くしてしまいます。

もう少し掘り下げると、「聞く姿勢」を誤ってしまうと、相手の反感を買ったり、関係性が悪くなったりしてしまうのです。

想像してみてください。

あなたが熱心に話しているのに、お地蔵さんのように無表情のまま聞き続けられたらどうでしょうか？

あるいは険しそうな表情で聞かれたら？

では、常にニコニコ笑顔で聞くといいのでしょうか？

そうとは限りません。あなたが深刻な話をしている時、ニコニコと笑顔で聞かれたら拍子抜けするはずです。反対にとても盛り上がっている話の時、悲しそうな顔で聞かれたら戸惑うことでしょう。

では、どう聞けば相手に「ちゃんと聞いてくれている」と感じてもらえるのか？

それは**「相手の感情に合わせる」**ことです。

相手が深刻な表情であれば、深刻な表情で聞く。楽しそうなら楽しそうな表情で聞く。

それだけで気持ちが通じ合えます。言葉の情報だけを耳から入れても、相手と通じ合うことは難しい。

相手の表情、声のトーンや大きさ、身体の姿勢など、非言語のメッセージに意識を向けると相手の感情を捉えることができるようになります。

相手のペースに合わせて、うなずきや相槌を使うのもとても効果的です。

質問で会話を盛り上げる方法

実は話せなくても、質問で会話を盛り上げる方法があります。

私がセミナー講師として登壇し、グループディスカッションを行ってもらった時のこと。5人ごとに分かれて、一人ずつ将来の目標について語ってもらうという内容でした。

私は、あるグループでのやりとりを観察していました。

ある方が緊張した様子で自分の将来の目標について発表しました。グループ内で自由に話してもらっていいという設定。20分間のディスカッションの中で最初の5分は、誰も何も話さず。本来盛り上がるはずが、沈黙の場に。

しかし、グループの一人が「もっと聞かせて！」と一言質問したことをきっかけに、発表者の顔が急にパッと明るくなって、元気に話し始めたのです。

その後、話の内容がより具体的になっていき、沈黙していたほかの3人も興味津々で話を聞き始めました。

最終的に、そのグループは全員が活発に議論するようになり、その場が大いに盛り上がったのです。

発表者が振り返りの場でこう感想を述べていました。

「最初の5分間は恐怖でした。緊張しっぱなし。何のリアクションもないので、私の話に関心がないのかと」

グループのメンバーは最初、ただ聞き役に徹していただけでしたが、それが話し手の不安を招いてしまったようです。

ところが、一人の質問によって、場の空気が一気に変化したのです。発表者はこう付け加えました。

「彼が、もっと聞かせて！　と発してくれたおかげで、その後ずいぶんと話しやすくなったんですね。ああ、私の話に興味を持ってくれたんだ」と。

彼がしたことは、たったひとつ。

「もっと聞かせて！」と質問しただけ。

実はこれ、魔法の質問なのです。

「もっと聞かせて！」は、相手に対する好奇心を表すとても効果的な聞き方。この一言だけで相手を気持ちよくさせることができるのです。

単に聞き役に徹するのではなく、相手に対する好奇心で関わる。その気持ちを表す表現が「もっと聞かせて！」なのです。

話せないなら、聞けばいい、というのは一見正しいように見えて、実は落とし穴がありります。

同じ聞き役に徹したとしても、自分本位の姿勢で聞くのか、相手に興味を持って聞くのか、の差は大きいのです。

聞き上手に惹かれる人の心理

聞き上手は、相手の気持ちを聞いている

人はなぜ聞き上手に惹かれるのでしょうか？

実は、聞き上手な人は、希少価値が高い存在。なぜなら、人の話を聞くこと自体、相当なエネルギーと集中力が必要だからです。

仮に10分間、真剣に人の話を聞き続けてみるとわかるはず。慣れないと集中して聞き続けるだけでとても疲れ、頭がクラクラしてきます。

だから、聞き上手な人はそもそも貴重な存在なんです。


では、聞き上手な人が押さえているポイントは何でしょうか？

2点あります。

ひとつは、相手の「話の内容」を聞くこと。
もうひとつは、相手の「気持ち（感情）」を聞くことです。

話の内容を真剣に聞いてあげるだけでも相手は喜びますが、気持ちまで聞いてもらうと、相手は「落ち着く」、「安心する」、「受け入れられた」、「本当に理解された」という反応が起こります。

つまり、互いに心と心が通じ合ったような親近感を強く感じるようになります。これを心理学用語で**「ラポール」**と言います。

ラポールとは、フランス語で「架け橋」を意味しますが、転じて、心理学用語では、心と心がつながる状態のことを言います。

聞き上手な人は、この2つのポイントを押さえることによって、ラポールをさらに深めることができるのです。

そもそも私たちは、学校教育で「聞き方」についてちゃんと習っていません。
「先生や親の言うことをよく聞きなさい」という常套句は耳にタコができるほど聞か

されてきましたが、効果的な聞き方についてはほとんど教えてもらっていないでしょう。

なので、聞き上手な人は天性の才能かのように思われてきましたが、コツさえしっかり押さえれば、十分に聞き上手になることができます。

私の場合もそうでした。

私はもともと聞き上手どころか、典型的な聞き下手でした。ところが、あることがきっかけで聞き上手になることができたのです。

それは、以前の職場での出来事。海外の留学から帰国して、私は20人くらいの部下を持ちました。

組織心理学の修士号を取得したばかりだったこともあり、私は学んだことをできる限り現場で活かそうと考えました。会議や打合せの場で理論を伝えたり、アドバイスを積極的に行ったりしたのです。

自分としては、積極的に組織に貢献しようと思って行動していたつもりでした。

しかし、部下からは総スカンを食らいました。私が話す度に、部下たちはうっとうしそうな態度を取るのです。相談しに来るどころか、誰も話しかけてくれませんでした。

「何のために海外まで勉強しにいったんだ？」

私は完全に自信喪失。辞職を真剣に考えるまで悩みました。

「このままでは本当にダメだ」と思い、現場で本当に使えるコミュニケーション術を学ぶことにしました。

それが、コーチングとの出会いでした。

「話を聞く」ではなく、相手の気持ちを受け止める

コーチングで学んだ技術の中で最も重要な技術が「傾聴」、すなわち、「聞く力」だったのです。

この出来事をきっかけに、私はこれまでのコミュニケーションの基本スタンスを根本的に変えました。

「話すことよりも聞くこと」に比重を置くようにしたのです。

特に意識したのは、相手の話をよく聞くことだけでなく、相手の気持ちをしっかり受け止めるように聞くことです。

相手の話す内容を評価したり判断したりすることなく、どんな気持ちで私にメッセージを伝えてくれているのか？　ということを意識しました。言葉以外の非言語メッセージにより意識を置くようにしたのです。

すると、部下との関係に大きな変化が起こり始めました。

ほとんど話しかけてくれなかった部下たちが、私の席にまで来て個別に相談してくれるようになったのです。

気がつくと、部下の笑顔の数が圧倒的に増えていました。いつの間にか人気者になり、イベントごとにはいつも誘われ、個人的な相談も格段に多く受けるようになりました。

やがては人望が集まるようになり、その後千人を超える労働組合の執行委員長に選出されるまでになったのです。

私がしたことは、コミュニケーションのスタイルを「話すから聞く」に変えただけ。聞く力を磨いた結果、人間関係がどんどんと豊かになっていきました。

聞き上手になれば、人から慕われるようになります。

ちゃんと聞いてもらった人は、自分を受け入れてもらった、と感じます。

相手の話に加えて、気持ちまで聞いてあげると、さらに心と心のつながりが深まり、信頼関係も築きやすくなるのです。

スマートフォンの普及により、一言メッセージだけでコミュニケーションが済んでしまう時代。自分のことを本当に聞いてもらう機会が少ない中、聞き上手な人が増えて欲しいと願っています。

第2章

人に好かれ、信頼関係を築く「聞く力」

人と人との信頼関係を築く3つの原則

──誰に何を聞くのか？

信頼関係を築くのに悩む人は大勢います。

私もこれまで何度も苦労してきました。プロコーチになってからは、以前よりも悩むことはなくなりましたが、代わりに「どうしたら人と信頼関係をうまくつくれるのか？」と相談されることが多くなりました。

そんな時、私はこのように答えます。

「自己理解、相手理解、そして相互理解をつくることです」と。

信頼関係もまずは「聞く」ことから始まります。

では、誰に何を聞くのか？

それが信頼関係を築くうえで大切な鍵となります。

結論から言います。

まずは自己理解。

「自分」に対して、「自分が何を大切にしているのか」を聞くことです。

言い換えると「価値観」のことであり、わかりやすく言うと、好き嫌いのこと。自分自身を理解することが最初の出発点です。

「自分が何者なのか」をより深く知れば、相手にも自分を理解してもらいやすくなりますね。得体の知れない人とは信頼関係は築けませんから（笑）。

次に、相手理解。

「相手」に対して、「相手が何を大切にしているのか」を聞くことです。

相手は何が好きで何が嫌いかをちゃんと理解しておく。もちろん、相手に関する基本的な情報（年齢、出身、仕事、趣味など）を知っておくことは関係性を深めるうえで大切ですが、より重要なことは、やはり「価値観を知る」なのです。相手の価値観（好き嫌い）を知らないとミスマッチが起こってしまいます。

たとえば、相手とディナーすることになったとしましょう。

この場合、ベストな方法は、「お互いの価値観が一致する場所とメニューを選ぶ」です。

自分本位で場所やメニューを決める人がいますが、相手の価値観に一致してなければどうなるか。相手は実は中華料理が苦手なのに、自分は好きだからと予約する。その結果がどうなるかは言うまでもありませんね。

反対に、相手に合わせすぎて、知らないうちに自己を犠牲にしてしまう人もいます。自分は賑やかな場所が嫌いなのに、予約した場所がそうだった。自分自身がすごく嫌な気分になってしまった。

これでは、相手が仮に喜んだとしても、互いに素晴しい場を共有し合うことはできません。

だからこそ、相手の価値観を理解して大切にするだけでなく、自分の価値観も大事にする。

そうすることによって初めて相互理解（信頼関係のベース）が成り立つのです。

このように、「自己理解」、「相手理解」、「相互理解」が、人と人との信頼関係を築くうえで大切な3原則なのです。

では、どのように自分と相手を理解していけばいいのでしょうか？

自分と相手を理解する方法

まず、自己理解ですが、「自分が大切にしていることは何か（好き）？」、あるいは「どうしても受け入れられないものは何か（嫌い）？」について、ノートに思いつく限り書き出してみるといいでしょう。

書き出してみると、意外にも自分の価値観に関する新しい発見や気づきが多いことに驚かれることでしょう。

その時、頭で考えるよりも「心に聞く」ことが大切です。

心に聞くとは、自分の感情がどう反応するかを観察することです。

たとえば、自分が大切にしていること（例：家族との憩いの時間）をイメージします。イメージした時、幸せな気持ちになるのか、あまりそうは感じないのかという感情の度合いを意識してみます。感情の度合いが強ければ強いほど、その価値観は大切だと教えてくれます。これは頭（理性）だけではわからないのです。

次に「相手理解」についてですが、相手との関係性を考えた場合、いきなり直接的に「あなたの価値観について教えてください」と聞いても嫌がられるだけです。

相手は自己開示をすることになるので、少しずつ相手のことを理解するステップを踏みましょう。

具体的には、差し障りのない事柄（日常の出来事や趣味など）について相手の考え方や思いなどを理解していきます。

接触回数が増えてくれば、仕事や家族のこと、さらには人生といったテーマについても聞ける範囲で聞いていきます。

すると、相手が仕事で何を大切にしているか（例：お客様に喜ばれる価値を提供すること）、家族との関係で何を大切にしているか（例：家族と毎日食事を共にすること）、などが理解できるようになってきます。

相手が何を大切にしているかが理解できれば、相手が大切にしていることを大切にしてあげればいいのです。

それは、相手に合わせるということではなく、「共感」してあげるだけでOK。

共感とは、自分とは価値観が違ってもよくて、ただシンプルに相手の価値観について理解を示してあげる、ということです。

とても地道なことですが、信頼関係は一夜にしてならず。

自己理解と相手理解を少しずつ深めながら、相互理解を育んでいく。それは、木の根が時間をかけて成長するように、信頼という幹が大地に根を張っていく、ということなのです。

なぜ、あなたの上司は話を聞くのが下手なのか？

上下関係は変えられない

上司から本当にしっかりと話を聞いてもらったことはありますか？

おそらく、記憶にない方が大半ではないかなと思います。その理由のひとつとして、部下と上司の「上下関係」が影響していると私は考えています。

日本における上下関係は、儒教思想の影響が大きく、その思想の根底には、秩序維持と平和の実現への願いが込められています。それゆえ、官僚制度、会社組織、あるいは軍隊組織など、日本のあらゆる組織社会に長く根付いてきました。

上下関係は、上司と部下のコミュニケーションの形態にも大きく影響を与えてきたのです。

典型的なのは、上司が指示命令し、部下はそれに従う、というスタイルです。この場合、話を聞くのは部下のほうで、上司の役割は「聞く」よりも、「話す」になります。

上司として部下から舐められたくないというプライドもあるでしょう。そのプライドが部下の話をちゃんと聞こうという謙虚な姿勢の邪魔になる。また、部下を下に見過ぎていて、そもそも信用していない場合すらあります。

程度の差こそあれ、このような上下関係が障害となって、上司の聞き下手を招いているのです。

では、この上下関係を水平関係に置き換えればいいのでしょうか。

事はそう簡単ではありません。先ほどもお伝えしたように、上下関係は日本の社会に長く根付いていて、デメリットももちろんありますが、社会の秩序維持に大きな役割を果たしてきた背景があります。

組織構造上、上下関係が前提となっているので、その関係性を離れて、部下と上司が水平関係をつくろうとしても心理的にとても難しいのです。

少なくとも、経験も浅い部下が上司目線になるのは無理があります。

なので、上司が聞き上手になるためには、上の立場にある上司の側が、部下の目線まで自分の意識を持っていくことが必要です。

相手の立場に視点を置き換えると、聞き上手になれる

では、どうすればいいのでしょう？

「自分が部下だった時のことを思い出す」という方法です。

それだけで部下目線に立つことができます。部下には上司経験がありませんが、上司には必ず部下だった時の経験があります。

部下の立場や気持ちを思い出してあげるだけで、指示命令する姿勢から「聞く姿勢」へと変化させることができます。

以前の職場でこんなことがありました。

スマートで頭もよく、バリバリと仕事をこなしていた上司のAさん。

自分に対しても厳しいが、部下にも要求するレベルが高い。そんな上司の下で働いていた部下のBさんは、上司のAさんの厳しい指導にいつも怯えていました。何をやっても「詰めが甘い！　ちゃんと見直してる？」と書類を突き返されてばかり。

ある日、部下のBさんが、同僚だった私のところに相談に来ました。

「どうしたらいいんでしょう？」

この時、私はBさんに「A上司にも部下としての経験があるから、部下の時どうだったのか、聞いてみるといいよ」と伝えました。


数日後、Bさんは、上司のAさんに相談しに行った際、「部下だった時はどんなふうでしたか」と聞いたそうです。その話を聞いて、Bさんはとても共感して、上司のAさんに親近感を持つようになった、と話してくれました。

Aさんが部下だったころは、上司が厳しくて相談することすらもできないくらいピリピリした関係だったとのこと。何度も落ち込んだりした時があったけど、そのころの経験があったおかげで今の自分がある、と。

そう話しているうちに、Aさんが「相談しにくい上司に苦労したこともあったなあ。もう少し、話しやすいように気をつけるよ」と呟いたそうです。

Aさんは、自分が部下だったころを思い出すことによって、部下の立場に立てるようになったのです。

そのおかげで、部下の話をもっと聞こうという姿勢が持てたのです。

いつも的確な指示命令を部下にすることが上司の主たる役割だと認識していたA上司。部下の話をよりちゃんと聞けるようになったことで、現場の状況や部下の考えを正確に把握できるようになり、指示命令もより的確になったとのこと。

さらに、コミュニケーションが一方通行から双方向になったことで、チームワークがより発揮されるようになったそうです。


ある意味、上司は組織のヒエラルキー構造の犠牲者です。

それは部下も同様。歴史的な背景からも上下関係を変えることは難しいのが現実だったりします。であれば、自分が部下だったころを思い出してみる。

相手の立場に視点を置き換えることで、聞き下手から聞き上手になれる最初の一歩を踏み出すことができるのです。

優れたリーダーほど人に好かれる秘密

理解しきれないことを理解する大切さ

本当に優れたリーダーは、間違いなく「聞き上手」です。

しかも、聞くことの本質を理解しています。その本質とは「相手を理解すること」です。人を本当に理解することは並大抵のことではありません。思い返してみてください。

あなたは、どれほど部下、あるいは家族、友人のことを理解していますか？

もし、「よく理解しているよ！」と思っているならそれは危険信号です。

なぜなら、「自分は理解している」という思い込みが、「相手をもっと理解しよう」という意識の邪魔になってしまうからです。

優れたリーダーはこのことをよく理解しています。

「もう理解している」ではなく、「もっと深く理解しよう」という意図を持って人と接しています。杓子定規に人を判断したり、第一印象だけで人を評価したりしない。

「彼は理解が遅い人間だ」

「彼女は落ち着きがない人間だ」

というレッテルを貼ったりしません。レッテルを貼れば、その人に対する理解が浅くなり、その人の可能性を引き出す機会を失うことになるからです。

なので、優れたリーダーは、決して人のことを決めつけたりしません。こんなことがありました。

K上司「（部下の）Sさんは、いつも残業ばかりで仕事が遅いよね」

Sさん「（悲しそうな顔で）そうですか……頑張っているんですけどね……」

職場の懇親会での出来事でした。落ち込んだ様子だったので、隣にいた私はSさんの状況を聞いてみました。

聞けば、Sさんは、決して仕事が遅いわけではなく、ほかの職員が長期休職中でフォローする必要があり、普段の倍近く仕事をこなさなくてはならなかったのです。

K上司は、Sさんの状況をよく理解しようともせずに、自分が感じたまま言葉を言い放ったのです。

「前の上司は、部下一人ひとりのことを本当によく理解してくれていました。部下の気持ちを本当によく聞いてくれる。だからとても話しやすかったし、信頼関係がちゃんとできていたんです」

当時を振り返って、懐かしそうにSさんは話してくれました。

では、優れたリーダーがやっている聞き方とはどんな聞き方なのでしょうか？

優れたリーダーがやっている3つの聞く秘訣

ひとつ目の秘訣は「相手が話しやすい場をつくる」です。

優れたリーダーは、権威的になることなく、上下関係も意識させず、相手が話しやすいように安心で安全な場（セキュアベース）を最初につくります。

たとえば、「何かあっても私がすべて責任を取るから安心して話していいよ」とか

「君が話してくれたことは一切他言しないことを約束するよ」といった感じで、相手が安心して話せる「約束」を明示します。

周囲を気にしないで話せるような場に移動するなどの気遣いも上手です。

「どうすればこの人の役に立てるだろうか？」そんな気持ちを抱くことで人を包み込むような優しい眼差しを送ることができます。

そうすると相手は心を開いてくれたり、本音で話したりしてくれます。

また、話しやすい人に当然人は集まりますから、多くの情報が得られるだけでなく、リーダーとしての魅力度もアップしていくのです。

2つ目の秘訣は、「相手が返しやすい球を投げる」です。

優れたリーダーは、相手が話しやすい「つなぎ言葉」をうまく使っています。

たとえば、

「そうだったんだね。それから？」

「具体的には？」

「ほかには？」

このようなつなぎ言葉をタイミングよく使います。

タイミングでひとつ大切なことは、「相手の話を遮らない」こと。

先にも述べましたが、話を遮るということは、相手に意識が向いていない証拠。

「そうじゃないんだよ！」

「理解できてないなあ」

「こうすればいいのに」

このような思いが浮かんできて、思わず口を挟んでしまうことはありませんか？

こんなふうに自分に意識が向いてしまっているので、相手の話を遮ってしまうのです。

相手に意識を向けて話を遮らないように「つなぎ言葉」を使う。そうすると、相手は球を楽に受け取れて、返球もしやすくなるのです。

反対にダメなリーダーは、「なぜそんなことしたの？」のように相手を問い詰めるような聞き方や、「それが正しいと思うけど、君もそう思うよね？」のように発言の自由を奪うような聞き方をします。こんな聞かれ方をしたら返球しにくいですよね。

最後3つ目の秘訣は、「相手に考えさせる（主体性を引き出す）聞き方」です。

優れたリーダーシップのあり方を表すこんな格言があります。

「三流のリーダーは金を残す。二流のリーダーは事業を残す。一流のリーダーは人を残す」

一流のリーダーは将来、組織を背負っていく人材を育てることをとても大切にします。なので、部下に対しては、指示命令よりも、部下が自ら考え行動していけるように、相手に考えさせるような聞き方を心がけています。

たとえば、

「君ならどう考える？」

「もしほかに選択肢があるとしたら？」

「仮に、君が社長ならどう判断する？」

このように、相手に深く考えさせる質問を投げかけてじっと待ちます。相手に考えさせ、答えを出さずにひたすら待つのは、リーダーが「相手のことを信頼している」からなのです。

自ら出した答えは、自分を動かす力があります。おのずと主体的に動いてくれるようになるのです。

人は元来、自分を理解してくれる人を求めています。それは職場でも家庭でもほかのコミュニティーでも同じ。理解されることでお互いが通じ合う。つながりがどんどん強くなっていきます。

強固なつながりは、組織力を発揮させるための土台となります。優れたリーダーはそのことをよく理解しているのです。

相手が話しやすい場をつくり、相手が返しやすい球を投げ、相手に考えさせる聞き方をする。優れたリーダーは、聞くことの本質を理解しているのです。

「自分が興味のあること」ではなく、「相手の話したいこと」を聞く

相手と信頼関係を深める3つのポイント

人はついつい自分が興味のあることを聞きたくなります。好奇心がそうさせるのですが、一歩間違えると信頼関係を損なうことにもなります。

たとえば、政治、宗教、セックスに関する話など、とてもセンシティヴなテーマに関すること。

相手のことを知りたいと思い、相手との関係性もできていない段階でこのような機微に触れる内容について聞くと、信頼関係を失う羽目になります。

センシティヴな話題を避けることは比較的わかりやすいですが、一歩進んで、相手と信頼関係を深めるためには、どのような視点で相手の話を聞いたらいいのでしょうか？

プロコーチが実践する聞く技術

私がコーチとして特に意識して使っている3つのポイントをお伝えします。

ひとつ目のポイントは、「相手が話したいテーマを聞く」です。

これが最初の大切な出発点となります。相手が話したいことが何なのかを知るには、シンプルに相手が話したいテーマを聞くこと。

といっても、コーチングの始まりのように「あなたが今日話したいテーマは何ですか?」と聞くのは不自然。

日常会話だったら、「最近何か気になることある?」とか「マイブーム教えて!」のような感じで相手が話したいテーマの糸口を探ってみましょう。

このような「for you」視点で相手の関心あるテーマを知ることができれば、会話のスタートはスムーズになります。

2つ目のポイントは、「相手の好き嫌いを聞く」です。

好き嫌いは、相手が大切にしていること、あるいは、どうしても許せないことなど、相手の価値観が表れる内容です。

食べ物や趣味の話など、日常的なテーマで相手の好き嫌いを聞いてあげると、相手のことをよく理解でき、相手との距離も近く感じられるようになります。

たとえば、「好きな食べ物は何ですか？」と聞いたら、相手が「ラーメンが大好き！」と答えたとします。

その答えを元に、たとえば「何系のラーメンが好きですか？　嫌いな種類はあります？」と、さらに深く相手の好き嫌いを聞くことができます。好き嫌いのテーマは、人間の感情が表れやすいのです。なので、会話に感情が宿り、お互いの好きや嫌いが一致した場合には、互いに親近感を強く感じることができます。

3つ目のポイントは、「相手の悩みを聞く」です。

人は悩み多き生き物。悩みのない人間などこの世にはいません。そして、悩みごとを人に話す機会は、そうそうありません。なので、自分で何とかしようと思うのですが、できないことが実際には多い。

そんな時、悩みを話せる人がいたら、それだけでもストレスが軽減され、場合によっては話を聞いてもらうだけで悩みが解決してしまうケースもよくあります。

だからこそ、信頼関係を深めるには、悩みを聞いてあげることがとても効果的なのです。その際、何か具体的にアドバイスをする必要はありません。

プロコーチとしての経験から言えることですが、ただただ相手の話を聞いてあげるだけでOKです。

下手なアドバイスは相手の感情を害することになるので、ただ相手の不安、悩み、不満などを聞いてあげる。そうするだけで相手はすごく気持ちが楽になります。

人は好奇心の生き物ですから、ついつい相手のことも考えずに聞きたがります。

でも、聞き方や聞くテーマを間違えてしまうと信頼関係を失うこともあります。

大切なのは、「for me」ではなく、「for you」の視点を持つこと。

自分本位ではなく、相手が話したいことを、まず聞いてあげる。そうすることで自然と、相手との信頼関係は築けるようになるのです。

「相手との共通点」を見つけるだけで、第一印象はよくなる

ラポールのつくり方

人との信頼関係をつくるうえで、「第一印象」はとても大事です。

第一印象が悪いと、あとで挽回しようと思ってもかなり難しくなります。

心理学では「初頭効果」というものがあります。最初に与えた印象があとの印象にも影響を与え続ける、というものです。

また、第一印象の悪い人は「また会いたい！」とは思われず、次に会うチャンスも断たれて、挽回するチャンス自体がなくなってしまうこともあるでしょう。


では、第一印象をよくするにはどうしたらいいのか？

それは、**「相手との共通点」を見つける**ことです。

人は自分と似たものを持っている相手に親近感を感じ、ラポールが生まれます。ラ

ポールが心と心の架け橋を意味することは先に述べましたが、心と心とをつなぐ架け橋となるのは、お互いの共通点である、ということです。

ただ、第一印象をよくするといっても、闇雲《やみくも》に相手との共通点を見つければいい、というものではありません。特に初対面の人との関係性を考えた場合、段階的に共通点を見つけていくのが効果的。

では、「どのように共通点を見つけていったらいいのか？」について、すぐに使える実践的な方法をお伝えします。

共通点を見つける3つの切り口

まず、**共通点には、①所有（Having）、②行動（Doing）、③あり方（Being）という3つの切り口**があります。

最初に「所有（Having）」について。

所有とは、「持っているもの」のことです。時計、鞄、車、家などのほか、髪型など目に見える外面的なものも含まれます。

たとえば、セミナーで初対面の人と隣り合わせになった時、自分と同じ時計をしていたとします。

実際にあった話ですが、「わあ、私と同じ時計ですね！」「ほんとだ！　趣味が同じですね！」と、初対面にもかかわらず、あっという間にお互い親しくなられた受講生の方がいました。

子供の例にたとえるとよくわかりますが、「僕、○○ちゃんと同じゲームが欲しい！　持ってないと仲間はずれにされる！」なんて光景をよく見かけませんか？

このように、同じ物を持つだけで仲間意識が生まれるわけです。

相手と似たような物を持っていた場合、そのことについて少し話すだけでも相手との距離はぐっと近づき、第一印象によい影響を与えてくれます。

次は、「行動（Doing）」です。

行動とは、「やっていること」。**たとえば、仕事、趣味、住まいのこと**などです。

私は20年以上テニスをやっていますが、テニスが趣味の人と出会うと、すぐにテニスの話題で盛り上がり、あっという間に仲よくなってしまいます。また、同じ地域に住んでいたりすると、ローカルな話題で持ちきりになりますよね。あっという間に仲よしさんです（笑）。このように行動の面で相手との共通点が見つかるとさらに相手とのラポールが深まります。

そして最後は、「あり方（Being）」です。

あり方とは、「考え方、価値観、性格、ビジョン」といった表には見えない、人の内面を表すものです。「所有」とは異なり、目には見えず、また「行動」とも異なり、抽象度が高いので共通点を見つけるのは難しい。

ですが、この「あり方」において共通点が見つかると、その人自身を尊敬できたり、好きになったりし、場合によってはビジネスパートナーになったりすることもあります。これでこそ最も深い関係性をつくることができます。

たとえば、コーチングを学びたいという人が集まる講座には、それぞれ目的は多少異なるかもしれませんが、コーチングを通じて自分を高めたい、人をサポートしたい、という成長や貢献に対する共通の価値観があります。このような価値観が共有されると、パートナーシップに発展することもよくあります。

あり方とは、その人自身のオリジナルな内面の部分であるからこそ、共通点が見つかれば、とても強い信頼関係が生まれるのです。

このように、**第一印象をよくするためには、「所有」→「行動」→「あり方」というように段階的に共通点を見つけていくのが効果的**です。

いきなり、「あり方」の共通点を見つけるのは難しい場合が多いので、当たり障りのない「所有」や「行動」から共通点をまず探ってみる。それから徐々に関係性を深めながら、「あり方」での共通点を見つけると、より深いレベルで相手との信頼関係を築くことができます。

第一印象は、人との信頼関係をつくるうえでとても大切です。

巷によくある「外見」を着飾ることに焦点を当てた「印象操作」が効果的ではない、とまでは言いませんが、表面的なレベルに留まってしまいます。

より深いレベルで相手と関係性を築きたいのであれば、3つの視点から共通点を見つけてみるといいでしょう。

関係性を発展させる魔法のフレーズ10

自己理解、相手理解、相互理解のフレームワークを押さえる

私がとあるセミナーで講師をしていた時のことです。

受講生から「傾聴すれば信頼関係がつくりやすいって本当ですか？」と質問されました。**答えは、「条件付きＹＥＳ」**です。

傾聴は相手との信頼関係をつくるうえで大切な要素になりますが、傾聴さえできればよいわけではありません。では、何が必要なのか？

それは、**信頼関係をつくるためのフレームワーク（仕組み）を知ること**です。

このフレームワークを知っておくと、表面的な関係性に留まらず、相手と深いレベルの信頼関係を築くことができるようになります。

そのフレームワークとは、先に述べた「自己理解」、「相手理解」、「相互理解」のトライアングル構造です。

信頼関係をつくる三角形の法則

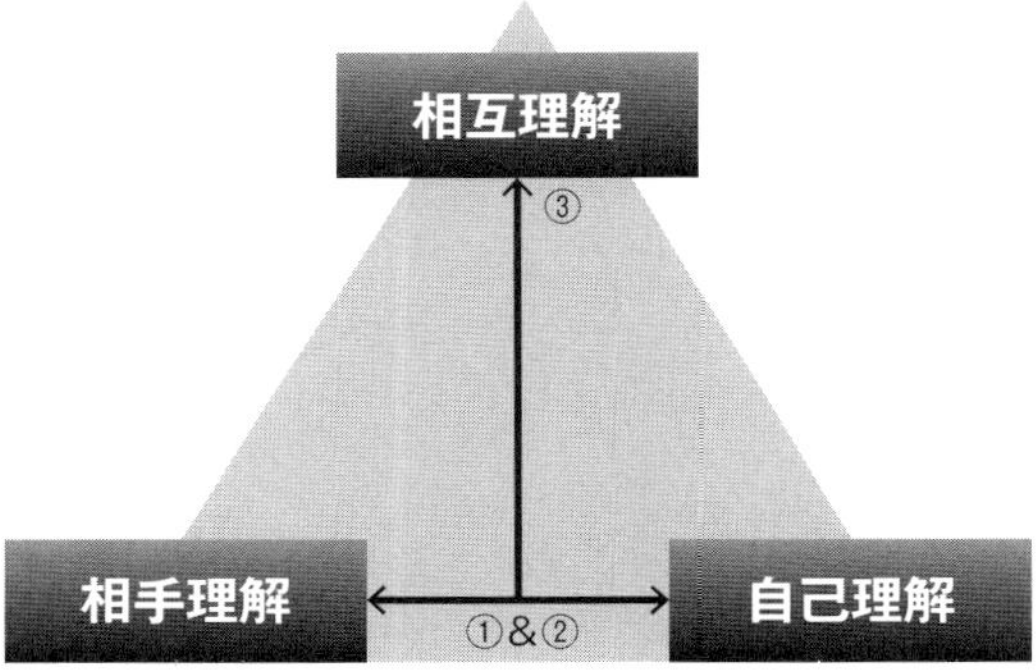

そもそも信頼関係というのは、自分と相手との二者間における関係性ですから、一方通行では信頼関係は築けません。双方向である必要があります。

「信頼関係をつくるには相手をよく理解しなさい」と言われますが、それだけでは十分ではありません。双方向だから、自分のこともよく理解する必要があるのです。

そして、自分を理解し、相手を理解したところで、初めて相互理解という段階に達します。

構図で言えば、三角形の両端に自己理解・相手理解があり、頂点に相互理解があるという関係性です。信頼関係は、単に相手のことを理解すればＯＫではまったくないのです。

では、この自己理解、相手理解、相互理解の三角構造を理解しながら、関係性を発展させるための「10の魔法のフレーズ」をお伝えします。

ポイントは、①自分に聞く（自己理解）、②相手に聞く（相手理解）、③お互いに聞く（相互理解）です。

まず、自己理解に関する3つのフレーズです。

①自分は何を求めているのか？
②相手とどのような関係を求めているのか？
③自分が大切にしたいことは何か？

信頼関係をつくる出発点は、まず自分に聞くこと、です。

この①～③までのフレーズを自分に投げかけてみます。

たとえば「なぜ、Ａさんと信頼関係を築きたいのか？」を考えてみます。

なぜなら、自分は何を求めているのか、によってこれからの関係性が変わってくるからです。目的もなく、ただ単に信頼関係をつくりたいわけではないはず。

自分が何を求めているか明確になれば最適な関係性が築きやすくなります。

そうすれば、「相手とどのような関係性をつくりたいか」についてもわかってきて、適度な距離感を保てます。

やたら頻繁に顔を合わせる必要もなくなります。

最後に「自分が大切にしたいことは何か？」について考えてみましょう。

この問いかけをすることで、相手との関係性をつくるために、自己犠牲をしたりすることがなくなります。

たとえば、家族との時間を犠牲にしてまで相手と飲むとか世間話に付き合うとか、やりたくない仕事まで引き受けるとかを、しなくてよくなるわけです。

「自分が大切にしたいことは何か？」というフレーズは、相手との関係性を維持できるかどうかに関わるとても大切なフレーズです。

相手理解に関する3つのフレーズ

次に、相手理解に関する3つのフレーズです。

④相手は何を求めているのか？
⑤相手はどのような関係を築きたいのか？
⑥相手が大切にしたいことは何か？

相手を理解するための④～⑥のフレーズは、自己理解のフレーズ①～③と基本的には構造が同じです。

相手はそもそも何を求めているのか？

心の癒やしなのか、影響力なのか、はたまたお金なのか……などいろいろあると思います。すぐにはわからないかもしれませんが、そのような問いを立てることで相手の意図がわかるようになると、自分の立ち位置も明確になり付き合いやすくなります。

相手はどのような関係を築きたいのか？

友情関係なのか、ビジネス関係なのか、恋愛関係なのか、が見えてくると付き合い方もわかるでしょう。相手が大切にしたいこともわかると、相手に不必要な関係を求めることもなくなります。

相互理解に関する4つのフレーズ

そして、最後の相互理解に関する4つのフレーズです。

⑦お互いの共通点は何か？

⑧お互いが理解できていること、できていないことは何か？

⑨お互いに学び、成長できることは何か？

⑩お互いの関係をどう発展させていきたいか？

自己理解、相手理解が進んだら、⑦〜⑩のフレーズを使って、相互理解を深めていきます。お互いの共通点が見つかると、親近感が高まります（80ページ参照）。お互いが理解できていることと、理解できていないことが明確になると、誤解が減ります。

たとえば、お互いがコーチングをテーマにセミナーを開催することについては合意できているが、誰を対象者にするかについて考え方が違う場合。

そのことをお互いが知らないと、どちらかが勝手に自分がよいと思う対象者を集めてしまう可能性があります。

「何が理解できていて、何が理解できていないかを互いに知ること」はミスコミュニケーションを避けるうえでも大切なことです。

⑨と⑩のフレーズは、お互いの関係性をさらに深めるうえでとても効果的な問いかけです。どちらが優れているなどではなく、

「相手からそれぞれ学べるところは何か？」

「自分を成長させてくれることは何か？」

について問いを投げかけることによって、単なる信頼関係を超えた生涯の友やパートナーと呼べるような「創造的関係」にまで発展していきます。

このように、単に傾聴するのではなく、自己理解、相手理解、相互理解のフレームワークを使うと、今までとはワンランク異なる、より深いレベルでの信頼関係をつくりやすくなります。

チームを動かす集団心理の使い方

——新しい求心力を持つリーダーが組織を救う

会社組織が危機に陥っています。

厚生労働省の関係機関が平成29年2月に発表した統計によると、新卒3年以内の若手正社員の離職理由として、「人間関係の問題」が約3割を占めているとのこと。会社の処遇や条件が合わないのはやむを得ない理由かと思いますが、人間関係が原因で離職を余儀なくされるのは、組織運営を担うリーダーの責任が大きいと私は思っています。

では、リーダーはどうしたらいいのか？

さまざまな解決策がある中で、「リーダーの求心力」が必要になります。

ただそれは、「俺についてこい！」のような熱血型のリーダーを意味するものではありません。高度成長期やバブル期には右肩上がりの経済成長を背景に「右向け右！」

の引っ張るリーダーシップでもうまくいきましたが、ニーズや価値観や働き方の多様化した現在では、「右向け右！」の一方通行的なリーダーシップでは人はほとんどついてこなくなりました。

では、リーダーに求められる「新しい求心力」とは何でしょうか？

それは、**「場の声を聞く力」を持つこと**です。

人の言葉を聞ける人が、これから影響力を持つリーダーになっていきます。

価値観の多様なメンバーが集まる現代型の会社組織においては、リーダー側の一方的な指示や命令ではチームワークを発揮させることは難しくなっています。

先生の言うことにそのまま生徒が従う、というような学校教育型のリーダーシップは、変化の激しい現代社会では対応できません。

そうではなく、メンバーが働いている場を俯瞰し、声なき声を聞きながら、メンバーが主体性を発揮できるよう、働きかけるリーダーシップが必要なのです。

場の声とは、メンバーが口々に発言する声のみならず、場の雰囲気、たとえば、重苦しさを感じるなどの閉塞感、あるいは、生き生きとした活気など、全体を俯瞰して感じる場からのメッセージです。

また、声なき声もあります。メンバーが表に出して言葉にできない思いや感情のことです。

職場では、集団心理によって不本意にも同意せざるを得ない状態（バンドワゴン効果）に陥ることがままあり、真実が見えないことも起こります。

場の声を聞くには3つのポイントを押さえる必要があります。

最初のポイントは、「非言語メッセージ」です。

たとえば、顔の表情、身体の姿勢、声のトーンなど言葉以外のメッセージのこと。

「メラビアンの法則」を聞かれたことはあるでしょう。

感情や態度を示すメッセージにおいて、言語情報、視覚情報、聴覚情報に矛盾があった場合、人は何を重視するかについて調べたところ、視覚が55%、聴覚が38%、言語が7%という結果になったというものです。

つまり、非言語メッセージである視覚と聴覚を合わせると93%です。

いかに非言語からのメッセージが状況をより正確に把握するうえで大切か、ということを示しています。

リーダーが求心力を高めるには、声に出せない声（元気そうか、落ち込んでいる様子はないか等）を聞き、メンバーの状況をより正確に把握することなのです。

次のポイントは、「場の空気感」です。

メンバー全体が醸し出している場の雰囲気です。人間の感情は連鎖反応的に伝播します。これはミラーニューロンという脳細胞が影響しているとも言われていますが、泣いている人がいると自分も悲しくなり、笑っている人がいると自分も笑顔になるという、人間の共感能力を司るものなのです。

メンバー全体がどのような雰囲気なのかを把握することは、チームワークを発揮させていくためにも大事な情報になります。

チーム全体がギスギスした閉塞感でやる気を失ったり、仕事の生産性に悪影響を与えていたりしていても、その状況を把握できていなければ、手の打ちようがありません。場合によっては、チームが崩壊して手遅れになってしまうということもあり得るのです。

最後のポイントは、「一体感をもたらすチームへの働きかけ」です。

非言語メッセージにも意識を向け、場の空気感を把握したら、最後はリーダーがアクションを起こす必要があります。

それは、「右向け右！」と号令を発するのではなく、メンバーが仲間としてつながっていることが感じられる問いかけをしていく必要があります。

「Good and New」の問いかけが、やる気を引き出す

具体的には、リーダーがメンバー一人ひとりと対話の時間を取ることです。

時間は短くてもかまいません。

その際、**「Good and New（よいことと、新しいこと）」を聞いてあげると効果的**です。

よいこと（Good）に意識を向けてもらうことで自己承認の機会となり、本人のやる気にもつながります。新しいこと（New）は、これからやりたいことに意識を向けて

もらう問いかけです。

未来志向の問いかけなので、本人の主体性を引き出すきっかけともなります。

場合によっては、メンバー全員に集まってもらって、チームとしての「Good and New」について話し合ってもらうのもよいでしょう。

このようにリーダーは場の声を聞いて状況をより正確に把握するとともに、個々のメンバーやチームに対して自己承認と未来志向の対話の機会を提供しましょう。

そうすることで、組織の一体感を生み出し、リーダーの「求心力」を高めることができます。

#「聞く力」は質問力ではない

質問力は「聞く力」の土台の上に成り立つ

聞く力は、質問力とは異なります。

「聞き方」を「質問の仕方」と同義に捉えていて、「聞く力とは、すなわち質問力だ」とおっしゃる方もいますが、そうではありません。

「聞き方」とは、聞く姿勢やどのように聞くか、を意味するものです。

質問の場合には、質問する人の意図が明確に表れます。

たとえば、気づきを与えたいとか、行動させたいとか、よい情報を得たいとか、質問することによって、どのような結果が欲しいのか、といった質問する目的です。

もちろん、聞くためには、何らかのきっかけが必要になります。こちら側から何らか質問せずに相手が話し始めたことを聞くこともありますが、大抵の場合には、何らかの質問をきっかけに聞くというのが普通です。

さて、質問力にはいろいろな定義がありますが、敢えて、「高い質問力とは何か？」を定義すると、「よい質問をする力」だと言えます。

一般的によい質問と言われているのは、相手に深い気づきを与えたり、相手の主体的な行動を促したりと、まさに「for you」の視点に基づく質問を言います。

たとえば、「あなたは本当はどうしたいのですか？」とか、「もし、最初の一歩を踏み出せるとしたら、何をしてみたいですか？」など、相手が自ら考えられるスペースを与えつつ、相手が自由に選択し行動できる場をつくる質問です。

では、このような「よい質問をすればすべてよし」かと言えばそうではありません。実は、よい質問をできること（質問力）と、聞く力は別ものです。

そもそも、よい質問だからといって、いきなり質問したら、相手は面食らい、たじろいでしまうでしょう。

やっぱり「聞く姿勢」が一番大事

こんなことが過去にありました。

私がまだコーチとして駆け出しのころの話です。

「コーチは、クライアントが主体的に行動できるよう、相手に深い気づきを与えるような質の高い質問をする必要がある」と教えられて、いかによい質問をするか苦心していたことがありました。

ある日、クライアントとコーチングを行っていた時のことです。

私は、クライアントの話を集中して聞いていたのですが、クライアントの話が長引き始めました。

コーチングの時間は1時間。後半に差しかかり、自分の中に焦りのような感覚が出始めました。

「何かよい質問はないだろうか？　このままだと最後まで話し続けてしまいそうだ。

何かよい気づきを与えるような質問はないか？　ああ、浮かんでこない。どうしよう……」

その時、突然クライアントが話すのをストップしました。

「國武コーチ。私の話ちゃんと聞いてくれていますか？」

「えっ！　あ、聞いていましたよ」

私の額と脇には冷や汗がじわっとにじみ出てきました。

「心ここにあらずのような様子だったので」

クライアントは、私のことをしっかりと見ていたのでした。私はとても恥ずかしくなって謝りました。

「すみません。聞いていたつもりでしたが、何かよい質問はないだろうか、と考え事をしてしまいました。申し訳ないです」

クライアントは、にっこりと「一生懸命私のことを考えてくれていたのですね、ありがとうございます！」と答えてくれました。

この時、私は自分の未熟さを恥じながら、「聞くことの難しさ」を心底痛感しました。よい質問をしようと自分のことに意識を奪われ、相手の話を聞けていなかったことに愕然《がくぜん》としたのです。

「聞く姿勢ができていないと、質問することすらままならない」

質問力は聞く力ではない、とはこのことです。どんなに鋭い刀(質問力)を持っていても、きっちりと鞘(聞く力)に収まらなければ、扱えません。

質問力を発揮させるには、その土台となる聞く力をしっかりと身につける必要があるのです。

第3章
会話・雑談が弾む「聞く力」

相手の聞いて欲しい話を引き出すコツ

相手が自然と話してしまう流れをつくる方法

人は自分の話を聞いて欲しいと思っています。

自分が聞いて欲しい話を聞いてもらうと、自分が受け入れられた（自分という存在が承認された）と感じます。

仮に「ねえねえ、話したいことがあるの。聞いてくれる？」と言ったのに、無視されたらどう感じるでしょうか？

「自分という存在が否定された」と感じますよね。実際、僕も小学校時代にイジメを受けた際、似たような経験がありましたが、自分のことを聞いてもらえないのは恐怖です。

そもそも、**人には「他者から承認されたい」という「承認欲求」があります**（マズローの欲求階層説）。

人は、外敵から身を守るため、太古より集団生活をしながら生き延びてきたので、自分のことが認知されないと生存を脅かされたように感じます。

つまり、この承認欲求が満たされると、本人は心が癒やされたり、自信がついたりするので、承認してくれた相手に対して親近感や安心感を抱きます。

このように自分が聞いて欲しい話を聞いてもらえば、承認欲求が満たされるのですが、普段の会話で実践するにはどうすればいいのでしょうか？

自然と相手が話してしまう「ＹＥＳの法則」

私は、相手に自分の話したいことを自然と話してもらえるように、**「ＹＥＳの法則」**というノウハウを使っています。

「ＹＥＳの法則」とは、Ｙ（You）、Ｅ（Excellent）、Ｓ（Space）の頭文字を取ったものですが、この法則を使うことによって、相手が聞いて欲しい話を自然と引き出すことができます。

まず、**Y（You）とは、「相手に意識を向ける」**ということです。

人の話を聞いている時に、ついつい別の考え事をして自分に意識が向いてしまうことがあります。

そのためには、まずは相手にしっかりと意識を向けること。

さらに、相手に「好奇心」を向けることで、相手は「話を聞いてくれているな」という承認欲求が満たされます。

具体的にはこうです。まず、相手が自分の話したいことを話しやすいようにするために「好奇心を示す質問」をします。

この質問には、「浅い」、「中くらい」、「深い」の3つのレベルがあります。なぜこのような3つのレベルがあるかというと、相手との関係性ができていないときに、いきなり深い質問をしたら困惑されることもあるからです。

なので、相手との心理的距離を近づけていくには、まず「浅いレベル」の質問から始めます。

たとえば、「最近気になるニュース（話題）は何ですか？」とか、「最近のマイブームって何？」という質問をすることで、相手が話したい話題を引き出すことができます。関係性が深くなっていけば、「中レベル」の質問、「深いレベル」の質問で、相手がより話したい話を引き出すことができます。

例としては、

「ここ3カ月で何かいいことあった？」（中レベル）

「今、仕事（プライベート）で悩んでいることってありますか？」（深いレベル）

などです。

このように、段階的に浅いレベルから深いレベルの質問に変化させていくことで、相手は抵抗感なく、自然に親近感を感じるようになります。

次に**E（Excellent：素晴しい）は、相手の存在そのものをありのまま受け入れるという「聞く姿勢」**を表します。

私が学んだコーアクティヴコーチングの基本原則に、

「人は生まれながらに創造的で欠けていることのない完全な存在である」

(Naturally Creative Resourceful and Whole)

という考え方があります。

もし、このような視点で相手の話を聞いてあげられるとしたら、相手は、批判や評価を気にすることなく、自由に自分の話したいことを話せるようになります。

聞く側のポイントとしては、「この人はこの世で唯一人の素晴しい存在である！」というシンプルな思いをもって聞いてあげればOKです。

最後は**S（Space：間合い、場）。気持ちよく話せる場づくり**のことです。

たとえば、相手が興奮気味に「本当にすごかったのよ！」と話したとすれば、「おお〜そうだったんですね！」と自分も同じ感情で応える、ということです。

間合いを外さずに相手の感情の動きに合わせて呼応する。一緒に会話のダンスをしながら呼吸を合わせるような感覚ですね。

また、相手の話を途中で遮らないことも大切です。

話を聞き終わらずに遮ってしまうと、相手は部分的にせよ自分が拒否されたと感じます。

もし途中で遮るなら、一言「許可の言葉」を入れましょう。

たとえば、「途中で割り込んですみませんが、一言お伝えしてもよいですか？」のような具合です。

相手から許可を取ることで、相手に嫌な感情を与えずに、話が続けられる場をつくることができます。

要するに、相手との「間合い」や「場の流れ」に意識を向けながら、相手の感情の動きに反応していく。そうすると、共感が起こり、お互いの距離が縮まるのです。

人には承認されたいという本質的な欲求があります。承認されたと感じてもらうには、相手が聞いて欲しい話をしっかり聞いてあげること。

相手に意識を向けて（Y）、相手のありのままを受け入れ（E）、感情の動きに合わせて反応してあげる（S）。

この「YESの法則」を意識して相手の話を聞いてあげてみてください。相手との距離がぐっと近くなることでしょう。

会話が続かない人は何が間違っているのか？

――上手な会話のキャッチボールとは？

会話が続かない人は、話すのが下手だから続かないのではありません。
では、会話が続かない人は何が間違っているのでしょうか？
端的に言えば、「聞き方」が間違っています。たとえばこんな感じです。

【会話が続かない例】

A「今月、安室奈美恵が引退するんですよね。とても残念！」

B「あーそうなんですね」

A「私、安室ファンだったんですよ」

B「あまり音楽に興味なくて……」

A「……」

実は、会話が続くかどうかは、聞き方に問題があることがほとんどなのです。

気の利いた話ができないとか、話すのが苦手だからとか、内気だからとか言われますが、本質的には「聞く力」が不足しているからです。

会話というのは、自分と相手とのキャッチボールのようなもの。

たとえば、相手が投げてきたボールを受け取れない、あるいは受け取ろうとしなければ、キャッチボールは続きませんから、受け取る力がない（聞く力がない）と会話はそもそも続かないのです。

もちろん、ボールを投げる側に立てば、相手が受け取りやすいボールを投げる力も必要ですが、相手が受け取りやすいボールがどんなボールなのかを知らないと投げようもありません。

つまり、相手を知ることが必要ですが、相手を知るには、まず「聞く」ことが大切なのです。裏を返すと、聞く力を身につければ、大抵の会話は続けることができるのです。

効果的でない聞き方とは、

①リアクションがない
②会話の流れを理解していない
③相手に意識を向けていない（自分本位）

です。

「リアクションがない」とは、相手の感情の動きに反応していない状態を言います。

大切なことは、自分が安室ファンであろうとなかろうと、相手の感情に寄り添って反応してあげること。ここでも共感することが大事なのです。**共感するだけで相手は理解された、受け入れられたと感じるのです。**

次に「会話の流れを理解していない」です。実は2つの意味があります。

ひとつは、話の内容そのものを理解していないということ。もうひとつは、相手の感情の動きを理解していないということ。つまり、「場の空気」が読めていません。

相手が安室奈美恵について話したがっていることは、相手の話の内容からも明らかです。安室が引退することをとても残念がっている。そのことを理解しないで相手にボールを投げ返しているわけです。

そして、最後は「相手に意識を向けていない」です。

相手と関係性を深めたいのであれば、相手に意識を向けて相手が話したいことを聞いてあげる姿勢が必要です。

「音楽に興味なくて……」が事実だとしても、それは自分本位な聞き方、反応です。相手はこれ以上ボールを投げ返そうとは思わないでしょう。反対に会話が続く例はこんな感じです。

【会話が続く例】

A「今月、安室奈美恵が引退するんですよね。とても残念！」

B「おお！　今月引退でしたか！」

A「私、安室ファンだったんですよ」

B「それはとても残念ですよね」

A「そう、めっちゃ残念！　ラストコンサートのチケット取れるかなあ」

B「取れるように祈っていますよ！」

この例のように、相手が安室ファンであることを理解しながら、相手の感情の動きにリアクションして、相手に寄り添うとキャッチボールがつながっていきます。

自分が安室ファンでなくても、音楽に興味がなくても、相手が話したいことを聞いてあげることで会話は続いていくのです。

3つの相槌で、人の心は開ける

相槌は「聞く力」の大切なスキル

会話の達人は、「相槌の達人」です。

相槌を使いこなせるようになると、それだけで相手の心を開き、信頼関係を深めることもできます。

実は、プロコーチと呼ばれる人は、相槌だけでコーチングを行うことすらあります。**実際にハイレベルなコーチになると、コーチの側から一言も話さずに相手に大きな気づきや変化を起こすことが可能です。**

それはまさに「聞く力」が最大限発揮された時に起こります。

人は深いレベルで傾聴されると、心の奥底にある自分の本当の思いが泉のように自然に溢れ出てくるようになります。自分という存在そのものが受け入れられ、全身が包み込まれるような感覚です。

ではなぜ、相槌は人の心を開かせるのでしょうか？

実は心を開かせる相槌には、一定の法則があります。相槌さえすれば、相手は心を開くわけではありません。ポイントは3つあります。


まずひとつ目ですが、「共感を表す短いフレーズを使う」ことです。


共感とは、自分と異なる考えであっても、「相手はそう考えているんだな」と理解を示すことです。同意することではないので、共感することはいつでもできます。

具体的には、相手の喜怒哀楽の感情に合わせて、

「そう感じたんですね」

「辛かったんですね」

「それは嬉しいですね！」

というように短いフレーズで呼応してあげるだけです。

このとき、長いフレーズを使うと、共感されている意識が削がれてしまうので注意が必要になります。

たとえば、「辛かったんですね。わかりますよ、その気持ち。私も似たようなこと

を半年前に経験したことがありますから」のような長いフレーズです。

相手は、長いフレーズに意識が向いてしまい、自分の感情体験から離れてしまいます。そうすると深いレベルでの共感は得られなくなります。相手の意識がそれないように短い共感フレーズを使いましょう。

2つ目のポイントは、「具体化のフレーズを使う」ことです。

具体化とは、「少しでも相手を理解しようという姿勢」を表すフレーズです。

たとえば、

「具体的には？」

「たとえば？」

「もっと聞かせて」

などです。

このような具体化のフレーズを使うことによって、相手は「私のことに関心を持ってくれているんだ」「話を聞こうとしてくれているんだ」と認識します。

つまり、相手の承認欲求が満たされるわけです。そうするとお互いの距離はぐっと近くなり関係性が深まっていきます。

そして3つ目のポイントは、「本心を聞くフレーズを使う」ことです。

相手の心を開くためには、そのきっかけとなるフレーズが必要です。

具体的には、

「本当の気持ちは？」

「で、本当はどうしたい？」

「心はなんて叫んでいる？」

このような、相手が自分の心に意識を向けてじっくりと考えられる短いフレーズです。**この時大切なのは、相手がしばらく無言の状態であっても、言葉を一切挟まずに「ただ待つ」ことです。**

「沈黙が耐えられない」という人も多いですが、相手が心を開くのには勇気がいります。その勇気を振り絞っている時に口を挟むと、相手の勇気はくじかれてしまいます。

相手が話し始めるのを、相手を信じてじっと待ってあげる。
心を開いてもらうには相手を信じる姿勢がとても大切です。

「たかが相槌」と思っていたとしたら、大きな勘違い。

相槌は、「共感のフレーズ」、「具体化のフレーズ」、「本心のフレーズ」の3つのフレーズを使うことで、相手の心をオープンにして、深い信頼関係をつくることもできるのです。

相槌を使いこなせば、会話の達人に近づいていくことでしょう。

「横の質問」と「縦の質問」を使いこなす

――会話を盛り上げる2つの質問の使い方

「会話の展開の仕方がわからない」

「会話が弾まない」

そう嘆く人は多いです。

会話が盛り上がらないのは、知識がないからでも、頭が悪いからでもありません。

多くの人が勘違いしているのは、話の幅を広げるには幅広い知識が必要だとか、「深イイ話」ができないとダメだ、と思い込んでいること。


もちろん、幅広い教養や鋭い洞察力があれば有利な場合もありますが、こうした能力は使い方を間違えると、相手にとっては「嫌味」に聞こえたり、「見下されている」ように感じたり、「近づきにくい人」と距離を置かれてしまうこともままあります。

自分が話し下手であったとしても、あるいは教養や洞察力がなかったとしても、話を盛り上げることは実は可能です。それは、話す側の視点に立つのではなく、「聞く側」の視点に立って、会話を盛り上げていく方法です。

「広げて、掘る」を繰り返せば、会話は自然と弾む

では、**誰でも会話を自由自在に展開できる「とっておきの方法」**をお伝えしていきましょう。

それは、「縦横の質問」です。

まず「横の質問」について説明します。横の質問とは、話の幅を広げる質問です。たとえば、「ほかには？」、「例外は？」、「別の見方は？」などです。

横の質問は、相手の視野を広げたり、視点を転換させたり、感情の状態を調べたりする時に効果的です。

対して「縦の質問」は、ある特定の話題について深掘りする質問です。

たとえば、「具体的には？」、「そうしたらどうなりますか？」といった質問のほかに、「5W1H」つまり、誰（Who）、何（What）、何時（When）、場所（Where）、理由（Why）、方法（How）を聞いていくことによって、話の内容をさらに深掘りしていく方法です。では、縦横の質問を使った事例を見てみましょう。

【縦横の質問の会話例】

A「最近のマイブームって何？」
B「そうねえ、いろいろあるけど、ホットヨガとか……」
A「ほかには？」（横の質問）
B「あ、そうそう思い出した！　アイシングクッキー！　これすごく楽しいのよ！」
A「へえ！　聞いたことはあるけど、どんなものなの？」（縦の質問）
B「クッキーにお砂糖で可愛い絵をデザインしたりするのよ！」
A「楽しそう！　何がきっかけなの？」（縦の質問）

この事例では、相手のマイブームが何か聞いているわけですが、最初に「ホットヨガ」と答えた時に相手の感情があまり動いていないので、「ほかには？」と横の質問をしました。

そうするとBさんは、思い出したように「アイシングクッキー！」と満面の笑みで答えたのです。

明らかに感情が強く動いたので、Aさんはこの話題について縦の質問で深掘りしていきました。

「どんなものなの？」と具体的な内容を聞く質問ですが、さらに「何がきっかけなの？」とＷｈｙ（なぜ）の質問でさらに深掘りしています。

このように相手の感情が動いていない場合には横の質問で相手の関心度を探り、感情が動いたところで縦の質問で深掘りすると、よい形で話が展開していきます。

自ら話題を提供したり、「深イイ話」をしなくても、聞く側のポジションを取ることで話を盛り上げたりすることは十分にできるのです。

もし、会話が苦手と思っているなら、この「縦横の質問」をぜひ使ってみてください。とてもシンプルですが、驚くほど会話が盛り上がるようになります。

会話を盛り上げるためのエピソードトークの使い方

話を盛り上げる3つの秘訣とは？

話すことが苦手な人がいます。

その最たる理由は「何を話したらいいのかわからない」からです。

話を盛り上げようとしても相手が興味を示してくれない、あるいは白けてしまう。

そんな経験をした人にとってはトラウマになります。

では聞き役に回ったらいいではないかという発想もありますが、ここでは一歩勇気を出して、**話を盛り上げるためのちょっとしたコツ**をお伝えします。


それが「エピソードを使う方法」です。

エピソードとは、挿話、逸話という意味ですが、簡単に言うと、こぼれ話、裏話、あるいは体験談という意味でも使われます。

プロの芸人さんは、このエピソード使いの達人です。

ですが、一般の人が芸人のマネをするのはハードルが高すぎます。しかも、「笑いを取る」ことが目的ではないので、ビジネスや一般的な会話の場面ではあまり応用が利きません。

具体的なエピソードが、相手の感情を動かす

エピソードをうまく使えば、話は盛り上がりますが、それには工夫が必要です。その秘訣は「感情を動かす」ことです。

「話が盛り上がる」と「感情が動く」はイコールです。感情が動かないのに話が盛り上がることはありません。

感情を動かすためには、話が「具体的である」ことが大切です。

話が抽象的だとイメージが湧かないので感情が動きません。映画のように映像化されたシーンが飛び込んでくると感情は大いに動かされます。

小説でも感動するシーンが思い出されることで涙が溢れたりしますよね。

なので、「具体的にイメージできること（映像化される）」が、話が盛り上がるエピソードの秘訣です。

たとえば、こんなエピソードはどうでしょう。

Ａ「先日、駅前に止めていた僕の自転車のライトが壊されていたんですよ。きっと誰かが押し倒した瞬間にバリッと割れたんでしょうね。しかもね、自転車のカゴの中にくしゃっと丸められた紙くずまで入っていて怒り心頭だったんです」

Ｂ「それは災難でしたね」

Ａ「と、そう思ったんですよ。最初は。で、その紙くずを捨てようと思って何気なく開いてみたら、なんと千円札が入っていて、しかも『ライトを壊してしまい申し訳ありませんでした』って一言書いてあったんです。綺麗な手紙だと逆に盗まれると思って、わざと紙くずのように見せかけたというのもジーンと感動してしまいまして」

Ｂ「それはびっくり＆感動ですね！」

この事例では、現場の状況が具体的で映像が浮かび上がってくるかのようにイメージできますよね。また、「バリッ」、「くしゃっ」、「ジーン」、などの擬音語や擬態語を使うとさらに感情に響きやすくなります。

エピソードトークを効果的に使う3つのコツ

また、エピソードで感情を動かす場合、怒り、悲しみ、喜びの感情などいろいろありますが、とりわけビジネスや日常会話のシーンでは、interesting（興味深い）な感情を扱ったほうが無難でいいでしょう。ポイントは3つです。

ひとつ目は、「意外性」です。

エピソードで使える意外性とは、常識と思われていたことが実は違っていた（意外な事実の話）、というような内容です。たとえば、

A「日本の幸福度は、世界の中で何位ぐらいだと思いますか？」

B「少なくとも10位以内には入っているんじゃない？」

A「実は、54位（2018年報告書）ですよ」

B「ええ！　そんなに悪いの？」

A「そうなんです。一部の発展途上国よりも順位が低いんです。所得、健康と寿命、社会支援、自由、信頼、寛容さなどの要素でランク付けされているのですが、平和で豊かな国に何が起こっているのでしょうかねえ」

意外な事実を知ると人は驚いて好奇心が沸き立ちます。このエピソードの例では、意外性が盛り込まれていますよね。

2つ目のポイントは、「数字を使った質問」です。

このエピソードの事例でも「順位」という数字を使っていますが、何位か？　何%か？　何キロか？　などの数字を使った質問は、話の内容を具体化してくれます。

数字を使って表現すると、話の内容もわかりやすく、話についていきやすいのです。

3つ目のポイントは、「相手の役に立つ」です。

初対面では難しいかもしれませんが、何度か相手と会っているうちに、どんなことに関心があるのか、段々わかってくると思います。

相手の関心のありそうなテーマで役に立つエピソードを話してあげると話はより盛り上がります。

話の苦手な人は、何を話したらいいのかで悩んでいます。

そんな時、エピソードを話の中に添えることで話は盛り上がり、お互いの関係性が深まったりします。難しい高度なエピソードは必要ありません。

「意外性」、「具体性」、「相手の役に立つ」の3つのポイントを押さえれば、十分に会話は盛り上がるのです。

第4章

相手から情報・本音を引き出す「聞く力」

日本人が学ばない「情報を引き出す力」

「エッセイ思考」が質問力を鍛える

「もし、あなたが死にそうな状況になったとして、助かる方法を考えるのに1時間あるとしたらあなたはどうしますか？」

あなたならこの質問に対してどう答えるでしょうか？　天才科学者のアインシュタインは、「最初の55分は適切な質問を探すのに費やすだろう」と答えたそうです。

私はこの話に触れた時、必死になって助かる方法を考えるのではなく、適切な質問を探すことに時間のほぼすべてを使うという発想に驚きました。

それはアインシュタインが天才だからでしょうか？

私はそうは思いません。私は外交官及びＪＩＣＡ（国際協力機構）職員として、留学を含む6年間の海外駐在経験に加え、40カ国以上の国々を相手にビジネスを実施してきた経験があります。

そのような海外経験の中で、特に欧米人を相手に交渉していると、「質問が半端なく素晴しい」と感じることが多々ありました。

「その理由はなんだろう？」と長年考えていましたが、それは「エッセイ思考」にある、と私は思っています。

エッセイ思考の秘密

エッセイとは、簡単に言うと小論文です。エッセイでは、自分で課題を設定し、必要な情報収集と分析作業を経て、自説を展開しながら結論を導き出すことが求められます。

唯一の正しい答えはどこにもなく、すべて自分で考えて答えを導き出していきます。

欧米の教育では、このエッセイが大量に課されます。

エッセイの課題を設定したり、皆が理解、納得できるような結論を導き出すには、質問力がとても求められるのです。

たとえば、エッセイを書く際は、

「何をテーマにするのか？」

「なぜそのテーマなのか？」

「そのテーマに関する自分の考えは？」

「なぜそう言えるのか？」

「説得力を持たせるには？」

「どのように結論を導き出すか？」


など何度も自問しながら、書いていきます。

質問の力が当然のように鍛えられるわけです。欧米人の質問力が非常に高い理由はここにあるのではないか、と私は考えています。

対して、日本では、与えられた質問に対してひとつの正しい答えを求めるような画一的な教育が行われてきました。そのため、与えられた質問に対して答えるという受動的な思考パターンが身についてしまったのだと思います。

優れた外交官の質問力

私が外交官として勤務していた時のことです。

当時私は、ＯＥＣＤ（経済協力開発機構）日本政府代表部の一等書記官として、日本の国際援助に関する政策立案や各国代表との交渉を担当していました。

ＯＥＣＤでは、経済、貿易、開発、環境などさまざまな分野における国際的なルールやガイドラインをつくったりするのですが、そこには各国の思惑や利害関係が複雑に絡んでいます。

そのため、各国の代表と交渉する際には徹底した事前準備はもとより、しっかりと戦略を練って交渉に臨む必要があります。

そんな中、各国の代表と交渉していた際、こちらが用意していた提案に対して、先方からこんな質問が投げかけられてきました。

「なぜあなたは、この提案があなた自身も含めて皆にとってベストだと思うのか？」

私は、この質問に対して思わず「一本取られた！」と思いました。

こちらの提案がいいとか悪いとか、あるいは我々の提案はこうだ、といった自分本位な質問ではなく、**「WIN・WIN・WIN」の発想の質問**だったからです。

自分にとっても、相手にとっても、そして皆にとってもいい提案なのかという「三方良し」の発想に思わず感嘆してしまいました。

このような質問は、簡単なようで実際はとても難しい。

先ほどの質問のすごいところは、正しい答えはないという前提の中で、「自分、相手、社会（世の中の皆）にとってベストなのかを考えてみようではないか？」という開かれた発展的な質問だからです。

発展的な質問は、理想の未来を創り出す質問です。二者択一的あるいは、答えが決まっているような閉ざされた質問ではありません。

唯一の正しい答えはない、という「エッセイ思考」の発想から質問をつくることで新たな可能性が生み出されるのです。

外交官時代に学んだ本音を隠す人間の心理

――本音を話せない人、本音を話さない人

欲しい情報を手にする秘訣は、相手と本音で話せる関係を築けるかどうかで決まります。

本音で話せないと相手から正確な情報を引き出すことはできません。特にビジネスシーンにおいては、情報の質が命です。情報の質を高めるには相手から本音を引き出せるかが鍵となります。

とはいえ、多くの場合、本音で話し合う関係を築くのは容易ではありません。それはなぜでしょうか？

本音を話さない人は、大きく分けると2つのタイプに分かれます。

それは、**「本音を話せない人」**と**「本音を話さない人」**です。

前者の「話せない人」の場合、基本的に優しいタイプが多く、相手を傷つけたくないとの思いがあります。また、気が弱いタイプの人もいて、人から嫌われたくないという心理が働く場合も多いです。

後者の「話さない人」は、計算高いタイプ。相手が信頼できる人かどうか慎重に見極めようとします。また、事なかれ主義のタイプもいて、その場合には、自分が不利益を被らないように、と考えるのです。

このような2タイプの人に対して、本音で話せる関係をつくるには共通のアプローチと個別のアプローチが必要になります。

共通のアプローチでは接触回数を増やす

まず共通のアプローチですが、本質的なことを最初にお伝えすると、「人は自分のことを理解されたいと思っている」ということです。

これまで本書で何度かお伝えしていますが、人間には承認欲求という非常に強い心理的欲求があります。

承認欲求が満たされると、人は自分のことが理解されたと感じるので、相手に対して、より心を許しやすくなります。なので、この承認欲求を満たしてあげることが、相手から本音を引き出すうえでとても大切になります。

そこでベースとなるのは、やはり「聞く力」です。

その際、相槌やうなずきを効果的に使うことで相手との心理的な距離を縮めることができます。

もうひとつの秘訣は、**相手との「接触回数を増やす」**ことです。相手との接触頻度が高まるほど、相手に対する好感度は高まることが心理学的に証明されています（ザイアンス効果）。

月に一度の丸一日デートよりも毎日5分の対話のほうが相手との関係性を深めるには効果的ということです。

次に、個別のアプローチについてお伝えします。

「話せない人」の場合、優しい、気が弱い、自信がない、などのタイプの人が多いので、**「自分の弱みを自己開示する」**と、相手が親近感を持ちやすくなります。寄り添う気持ちで接するととても効果的です。

それに対して「話さない人」の場合、計算高い、慎重であるといったタイプが多いため、本音を引き出すには、**「相手が欲しい結果は何かを理解する」**ことが鍵となります。

外交官として勤務していた時も、共通のアプローチと個別のアプローチの両方を駆使しながら、情報収集を行っていました。

ウェブや報告書などでは得られない「生」の貴重な情報を入手するには、各国代表との個人的な関係を深めることが極めて大切だからです。

私は、とにかく接触頻度をできるだけ増やしていきました。

実際に対面で話すことが最も効果的ですが、それが難しい場合には、電話で直接対話する、あるいはこまめにメールで連絡し合う、それだけで確実に相手との距離は縮まりました。

「Mr. KUNITAKE」から「Hey, DAIKI!」とファーストネームで呼ばれる仲になると、「本音」で話してくれ、情報を手に入れられることが圧倒的に増えました。

相手の話を聞く際には、相手の話の内容はもとより、感情の動きに意識を向けて共感を示すことを心がけました。

最初は相手の表情も硬く、警戒心も強かったのですが、半年経つころには、毎回笑顔で私を受け入れてくれたのです。情報収集の際にどれだけ効果を発揮したかは言うまでもありません。

本音レベルの関係性をつくれるかどうかは、ビジネスを成功に導くうえで極めて大切です。

ビジネスでなくとも、本音で語り合える相手がいるのといないのとでは、人生の豊かさが大きく異なってくるでしょう。何も特別な能力は必要ありません。

相手を少しでも理解しようとする姿勢が本音を引き出すための鍵なのです。

優れた外交官ほど大事なことは話さない

大事なことを話さないのには理由がある

情報の価値は相対的です。

相対的とは、相手との関係性や情報を発するタイミングによって情報の価値が変化するということ。優れた外交官のみならず、仕事のできるビジネスパーソンは、このことをよく知っています。

なので、大事なことは話さない。それよりも自己開示することを優先します。

「なぜ大事なことを話さないのか」というと、相手との信頼関係が十分にできていない時に大事なことを話しても、その情報の価値が下がるからです。

たとえば、「相手が信頼できる人なのか」、「相手がどんな情報を必要としているのか」をよく理解せずに大事な情報を与えたとしても、その情報がどのように扱われるかわかりません。

下手をすれば、相手に情報を漏らされる可能性もあるでしょうし、本当は価値ある情報だとしても相手に伝えるタイミングを間違えて情報の価値を下げてしまうこともあるでしょう。

特に大事な情報であれば、機密性が高いこともあるので、お互いの信頼関係ができていなければ、共有することは避けるべきなのです。


なので、**優れた外交官は、相手との信頼関係を築くことを最優先**にします。

そのために行っているのが「自己開示」です。

「社会的浸透理論」という心理学の法則では、「自己開示を通じて、相互理解を深めることにより、お互いの信頼が高まり、好意的な関係が築かれる」と言われています。

交渉の専門家でもある外交官は、自己開示を通じて、お互いにオープンに話せるコミュニケーションの土台をつくり上げることの大切さを知っているのです。

自己開示の返報性とは？

ではどのような流れで自己開示を行うのでしょうか？

これには段階的なステップがあります。

想像すればわかりますが、「私は数年前、何百万円もの借金を抱えて精神的にもズタズタでした」といきなりディープな内容について自己開示されても相手はどん引きしてしまいます。

自己開示のコツは、お互いに秘密の扉を少しずつ開けていくこと。

お互いに自己開示し合うことを**「自己開示の返報性」**と言ったりもしますが、最初はお互いの基本情報（名前、仕事、住まい、趣味など）を共有し合うことから始めるのが効果的です。それから徐々に、普段親しい人以外には話さないような内容をお互いに共有していきます。

たとえば、将来のビジョン、価値観、オープンにできない悩みなど、です。そうすると「自己開示の返報性」が働き、お互いに情報交換する頻度が増え、内容もどんどん深くなっていきます。

そうしてお互いがどういう人物か深いレベルで理解できるようになり、本音でも話し合えるような強い信頼関係が築かれるようになるのです。

この段階になってから、双方にとって重要な情報とは何か、それはいつ伝えるべきかを見極められるようになります。

信頼関係をつくる4つのフェーズ

関係性の構築の流れには次の4つのフェーズがあります。

①基本情報の共有フェーズ

名前、仕事、住まい、趣味などの基本的な情報について共有し合う。初期の段階でラポール（親密感）を生み出すには、お互いの共通点を見つけること。出身地、仕事内容、趣味が同じ、もしくは似ているだけでラポールは即座につくられる。

②接触回数を増やすフェーズ

お互いに接触できる方法を見つける。リアルに対面できる機会を見つけて対話する。会議、セミナー、食事やカフェなどの場を利用する。

話の内容に特にこだわる必要はなく短い立ち話や雑談で十分。ビジネスシーンであれば、週に2~3回の接触を維持するくらいがちょうどよい。

ちなみに筑波大学の研究結果では、30回程度までの接触は好感度が上昇し、40回を超えると低下し始めるという報告もある。

③インフォーマル（秘事）な情報を共有するフェーズ

基本情報についてお互いに理解が深まり、接触回数が増えるにしたがって、お互いの好感度は高まってくる。

双方の価値観、将来のビジョン、あるいはオープンにはできない悩みなどについて共有し合う段階。この段階になるとかなり強い信頼関係ができあがる。

④重要な情報を共有するフェーズ

お互いの人となりがわかり、強い信頼関係ができた段階になって初めて、双方にとって価値ある重要な情報を共有できるようになる。

重要な情報は機密性が高いので、不必要に多くの情報を与えてはならない。過不足なく相手が満足するレベルで伝達すること。また、共有するタイミングも大切。

以上のような4つのフェーズを順番に経ることによって、相手との信頼関係を確立し、情報共有を行っていくことが効果的です。

優れた外交官に限らず、仕事のできるビジネスパーソンは、情報価値の相対性を理解しているので、相手との信頼関係を深めることを最優先にします。

特にビジネスにおいては、価値提供が利益の源泉となりますから、価値ある情報を誰にどのタイミングで届けるかによって成否が分かれます。

重要なことは話さずに自己開示から始める。自己開示は、その成否を決める最初の重要なステップなのです。

相手と信頼関係をつくる分析の技術

相手を知る前に自分を知る

「彼を知り、己を知れば、百戦殆《あや》うからず」

孫子の兵法にある名言です。

外交の世界もまったく同じ。自国の政策や戦略はもとより、政治家や各省の幹部がどのような考え方をしているか、関係各局や課内の方針はどうか、などあらゆる角度から自国のことについて徹底的に分析します。

そして次に、当然のことながら、相手国に対する分析を徹底的に行います。

基本的には自国に対する分析と同じレベルの分析を行いますが、自国と異なり相手国から詳しい情報を入手することが困難な場合もあります。

外交官であれば、カウンターパート（交渉相手）に対する分析は事前に必ず行います。

分析というと大げさに聞こえるかもしれませんが、要するに「相手はどんな人物か？」について詳しく理解する、ということです。

相手の経歴はもちろんのこと、何度も接触を行い、相手の強み・弱み、価値観、人間性など含めて、相手に対する理解を深め、相手が信頼に足る人物なのかどうかを判断したりします。

一方、自己分析について言えば、これは自国に対する分析とは異なり、個人差が際立っています。

優れた外交官は、自己理解も深いので、自分の能力や権限の範囲を見極めつつ、その中で最大のパフォーマンスが発揮されるように行動します。

また感情のコントロールもできるので、相手の挑発に乗らず、冷静沈着に対処することもできます。

反対に自己理解が浅い外交官は、パフォーマンスがよくありません。要するにセルフコントロールが利かず、特に対人関係において、相手のみならず身内との関係もこじらせてしまう人も実際にいます。

自己理解にはいろいろなレベルがありますが、外交官時代に人間観察を何度も繰り返しながらわかったことは、「自分に対して誠実であるかどうか」が相手との信頼関係をつくる前提条件である、ということ。

自分に対して誠実な人とは、自分の価値観を大切にしている人です。

たとえば、家族との時間が大切という価値観を持っている人が、家族との時間をまったくつくり出せていないとしたら、相当なストレスや不満を抱えることでしょう。

つまり、大切なものが大切にできていない状態、ということです。これは自分自身に対して誠実な状態ではありません。

ところが、日々の仕事や周囲の環境に流されるままに生きていると、自分にとって何が大切で、何が大切でないかすら、意識せずに毎日を過ごしてしまいます。

知らず知らずのうちに、自分の価値観をないがしろにしたまま生きているのです。

これは、自分自身に対して不誠実な生き方をしているのと同じ。

自分に対して不誠実な人は、他者に対しても不誠実な対応をとってしまいます。

「自分自身に対して誠実でない者は、他人から敬われる資格はない」とアインシュタインが言うように、相手との信頼関係をつくる前に、自分に対して誠実であることがとても大切なのです。

では、自分に対して誠実になるにはどうしたらいいでしょうか？

自分を大切にする方法

次の3つのステップを踏むととても効果的です。

まず、**①自分の価値観を知ること**です。

人生、仕事、人間関係などにおいて自分が大切にしていること、たとえば、成長、貢献、チームワークなど、特に大切にしている価値観を取り上げることです。

次のステップは、**②価値観を具体的に定義すること**です。

「貢献」が大切な価値観だとしたら、自分にとっての貢献とは具体的にどういうことなのか書き出してみる。そして、どうすれば実際に貢献することができるのかを考えてみることです。

最後のステップは、**③価値観を大切にするための行動をとる**です。

簡単そうに思えるのですが、日々の仕事や周囲の環境に流されずに、自分の価値観を大切にすることは時として勇気が必要であったり、そのための時間とエネルギーを捻出する必要があったりします。

私は外交官だった時、家族との時間を大切にするという価値観を最重要としました。具体的には、家族と夕食を共にして、夜は残業をせずに家族と一緒に過ごすことを徹底したのです。

そのため、朝は誰よりも早く大使館に出勤し、時差を利用して外務本省の担当官と集中して連絡を取り合い、午前中に重要な仕事をほとんど終わらせるようにしました。

自分自身に対して誠実に行動したおかげで私はストレスも不満も感じることなく、

仕事のパフォーマンスも上がり、身内の大使館内はもとより、各国の外交官からも信頼されるような存在となることができたのです。

先にも述べたとおり、信頼関係とは、自己理解と相手理解を経たうえの相互理解の結果、成り立つ関係性。

信頼関係をつくるためには、相手を理解することはもちろん、その前に自分自身の理解を深める必要があるのです。

それは自分の価値観を知り、自分自身を大切にすること。

自分を大切にできない人が、他者を大切にすることはできないのです。

情報・本音を引き出す技術

相手から自然に情報を提供してもらうには？

「相手から聞き出そうとしない」

これが、本音、情報を引き出す秘訣です。

外交官の重要な役割は情報収集ですが、なんでもかんでも情報収集すればよいというものではありません。

ビジネスでも同様に、巷にある文献、マスコミ情報、ウェブで検索できる情報は、それなりに使えますが、誰でも入手できるので情報の価値としては相対的に低いです。

何が貴重で重要な情報かと言えば、相手から直接得られる「生の情報」です。

それも公式の会議の場で語られるような表面的な情報ではなく、本人の口から得られた本音や真実の情報には非常に高い価値があります。

なぜなら、それらの情報こそが、組織の意思決定を下す際に成否のインパクトを与える貴重な情報となるからです。

ちなみにマスコミが発表する政府の見解や方針に関する情報は、政府内で世間向けに出してOKな情報と、そうでない情報を選別してから、マスコミに提供される内容なので、肝心の情報は公開されません。

本当に重要な情報は常に政府が厳重に管理しています。

なので一般に公開されている情報だけでは真実は把握できません。

これは、ビジネスの世界でも基本的に同じですよね。

公開されない情報、つまりキーパーソンから直接入手された秘匿性の高い重要な情報は、組織の内外において大きな影響を与えるので重要視されるわけです。

このような人から直接得られる本音ベースあるいは真実の情報を得るには秘訣があります。

相手に自然に話してもらう3つのスキル

それは、「聞き出す」のではなく、「自然に話してもらう」です。
そのために必要なスキルは次の3つがあります。

①「聞く力」
②「関係性を築く力」
③「与える力」

これまでもお伝えしたように、①「聞く力」については、相手の話の内容を理解すると同時に相手の感情を理解することが、相手を深く理解するうえでとても大切になります。相槌やうなずきをうまく使うことによってさらに相手との関係性も深まっていくでしょう。

②「関係性を築く力」は、対話の中で共通点を見つけたり、共感を示すほかに、自己開示をすること、相手との接触回数を増やすこと、などによって信頼関係を深めていくことができます。

そして③「与える力」が本音ベースの貴重な情報を得るうえで決め手になります。与える力とは、「Giver（与える人）の精神」です。アダム・グラント教授の名著『GIVE&TAKE』（三笠書房）の中でも説かれていますが、**見返りを期待せずに相手に与え続けられるかどうかで、跳ね返ってくる情報の質も変わってきます。**

たとえると「信頼残高」が高くなればなるほど、それだけ情報の質も高くなる、ということです。

与えられれば、お返ししたくなるという「返報性の法則」が人間心理として働くので、相手は自然と情報を与えたくなるということです。

自分が「与える人か、奪う人か」を考える

これとは反対に、相手から何とか情報を聞き出そうと躍起になっていたとしたら、それはGiverではなくTaker（奪う人）になります。

たとえば、Takerの場合はこんな聞き方をします。

「どうしたらBさんのように短時間で人の3倍もの仕事量をこなすことができるのか教えてもらえないでしょうか？」

いかに丁寧な言葉遣いをして、にこやかに笑顔で聞いたとしても、相手からしたら「なんでそのノウハウを聞きたがるのか？」と警戒心を持つことでしょう。

あるいは「どうして、あなたにそのノウハウを教えなくてはならないの？」と不快に思われることもあります。

言葉遣いにかかわらず、要求された場合には、相手が抵抗感を感じる場合がありま

す。すると、提供される情報が制限的になり、本音を聞くこともできなくなるのです。だからこそ、相手から自然に情報提供してもらえるような関係性と場をつくることが大切です。

Giverは、そもそもそのような聞き方はしません。普段から相手との関係性を大切にして、相手に役立つ情報を相手が必要とするタイミングで与え続けています。高い信頼残高を維持しているわけです。

そんなGiverの場合、次のように対話するでしょう。

A「Bさんは、短時間で人の3倍もの仕事量をこなされていると伺いました。しかも仕事のクオリティーも高いと伺っています」

B「ありがとうございます！　私は3年前までは結構苦労していたんですよ」

A「そうだったんですか！　実は私、仕事をこなすのが精一杯で、どうしたら仕事の生産性を上げられるか悩んでいるんですよ」

B「そうなんですか。Aさんにはいつも役立つ情報を頂いているから、もし私でよければ力になりますよ。実は、このような方法でやると効率化できるんです……」

この対話例でわかるように、Giver（Aさん）は、「情報を聞き出す」ような発言は一切していません。

Aさんがしていることは、まず、Bさんの行動が素晴しいと承認しています。相手との距離を縮めるには、「相手承認」から対話を始めると効果的です。

ただしお世辞はダメです。

次に、Aさんがしているのは、「自己開示」です。

「自分が悩んでいる」という情報は、場合によっては「恥ずかしい情報」になりますが、敢えて相手に打ち明けることによってお互いの信頼関係を証明しています。

さらにAさんは、普段からBさんに役立つ情報を与えているので「返報性の法則」が働きます。結果、Aさんは、Bさんから自然に情報を与えてもらうことに成功しているわけです。

相手から情報を聞き出そうとしないこと。

相手から自然と情報提供してもらえるような関係性を築くこと。

その場限りであの手この手を使って相手から聞き出そうとしても限界があるのです。お調子者は後々嫌われます。

本音、情報を引き出すには、Giverの精神で相手に何を与えるかを考え、相手と関わり続けることが一番の秘訣なのです。

曖昧な言葉を具体的にすると、結果が変わる

正確なコミュニケーションが情報の価値を生み出す

曖昧な情報は、情報としての価値を持ちません。

外交の世界では情報の正確性が命です。あやふやな情報を判断材料にしてしまったら国家的なダメージを受けることすらあるからです。

何も外交に限った話ではありません。

ビジネスにおいても、人間関係においても、曖昧な情報のやりとりによって誤解を生み、交渉が破談になったり、争いを招いたりします。

だからこそ、**情報収集する際には曖昧さを残さないことが大切**です。

正確な情報は、正確なコミュニケーションから生まれます。

とは言っても、誤解を与えるような発言をしてはならない、という意味ではありま

せん。また、詳細な事実を伝える、とか、一字一句間違いのない言葉で表現する、ということでもありません。いつもどおり自然体でいいのです。

私がお伝えしている正確なコミュニケーションとは、「相手の意図を明確にする」ということです。

相手の意図を明確にするには、2つのポイントがあります。

ひとつ目は、**「理解したつもりにならないこと」**です。

コミュニケーションというのは、どうしても曖昧さがつきまといます。なぜなら、すべてを正確に伝えようとすると何時間あっても時間が足りないからです。

そのため、通常のコミュニケーションでは、ほとんどの場合、伝えたいことの大半は省略されています。

たとえば、テーブルの上の醤油を渡して欲しい時、「それ取って！」などは典型的な例です。

「木製で高さ70センチ、足が4本あるテーブルのちょうど中央から右方向に10センチの位置にある、○○社製の醤油を僕に手で取って渡してくれませんか？」

とは通常言わないわけです。

正確に表現するとあまりにも煩わしい。だから、大半の情報を省略して、簡単に一言「それ取って！」で済ませます。


このようにコミュニケーションは、省略されないと成り立たないので不正確にならざるを得ません。でも人間には推察する力がありますから、通常は省略された場合でも、不自由しません。

ところが、「理解したつもり」が誤解を招きます。

「それ取って！」の場合、醤油ではなくてソースを間違えて手渡してしまうこともありますよね。話の抽象度が高くなればなるほど、「理解したつもり」は誤解を招きやすくなるのです。

たとえば、「企画書を作成しておいてくれるか？」と上司に命令されたとします。

あなたは、いつもどおり対応すればいいかなと企画書を作成し、提出したのですが、上司に叱られました。

「この企画書は、5ページじゃなくて、1ページに簡潔にまとめたほうがわかりやすい。それに正午の会議に間に合わせたかったので午前中に提出して欲しかったんだ」

これと似たようなケースを経験したことはないでしょうか。

「理解していたつもり」が招いたミスコミュニケーションの事例です。

もうひとつのポイントは、**「言葉の定義を確認すること」**です。

「それ取って!」の例で言えば、「それとは何ですか?」と、「それ」の定義を確認する。これ、あれ、彼、あの人、などの代名詞が具体的に何を指しているのか、曖昧でわかりにくいからです。

言葉の抽象度が上がれば、誤解してしまう可能性が高くなります。

「もっと信じて欲しい」とパートナーから言われた時、「信じる」とは具体的にどのようなことを意味するのか?

相手の言うことに従うことなのか、何でも相談することなのか、疑いの言葉を使うなということなのか、など極めて曖昧です。

つまり、相手にとっての「信じる」の定義と、自分が理解している「信じる」の定義は異なるのです。

曖昧にしても大丈夫であればＯＫですが、曖昧なままだと、相手が思っていることと異なる行動をして、関係性をこじらせることもあるのです。

もし自分の理解に不安があったり、意思疎通できていないと思ったりしたら、

「信じて欲しいとは具体的にどういうことなのか、教えてくれませんか？」

と「言葉の定義を明確にする」ことが大切です。

曖昧な情報は時として誤解を招き、信頼関係を損なう可能性があります。

ミスコミュニケーションを防ぐには、理解したつもりにならないこと。

そして、「何か噛み合っていないな」と感じた時には、言葉の定義を明確にすること。正確な情報を引き出すには「相手の意図を明確にする」ことが大切なのです。

第5章

自分を動かし、人生を変える「聞く力」

自分の心の声を聞きなさい

考えるのではなく、感じること

「自分の心の声」を聞いたことはあるでしょうか？

満員電車に押し込められ、職場ではため息の連続。帰宅後も落ち着くことはあまりなく流される日々の人生。そんな時、目の前に飛び込んできたのは、アップル創業者スティーブ・ジョブズの言葉でした。

「もし今日が人生の最後の日だとしたら、今やろうとしていることは、本当に自分がやりたいことだろうか？」

この問いかけによって、「自分の心の声」に耳を傾けた結果、私は独立起業を決意することになったのです。

実は、サラリーマンだったころ、いつか独立して自分がやりたいことを自由にやってみたい、と30代半ばから思ってはいたのですが、なかなか行動には移せませんでした。

当時の自分は、

「どうしたら起業できるのか？」

「何をして起業したらいいか？」

「起業して成功できるだろうか？」

といった質問ばかりしていました。

いろいろ書籍を買いあさり、高額の講座にも通い詰め、起業するためのノウハウをたくさん学びましたが、「起業する」という肝心の「決断と行動」がどうしてもできなかったのです。

その決断と行動を可能にしてくれたのが、「自分の心の声」を聞いた時でした。

「今のままで死んだら絶対後悔する。今の自分は『自分の人生』を生きていない」

ジョブズの問いかけに対して、ただ心がそう返事したのです。

では、そもそも「心の声」とは一体何なのでしょうか？

心の声には合理性も論理性もありません。「〇〇すべき」とか「そうするのが常識」とか、義務感や一般常識や外からの圧力に従うものでもありません。

心の声とは、自然に表れる感情の声です。

心の声を聞いた時、感情が溢れ出ます。涙が流れ出たり、鳥肌が立ったり、身体が震えたりと、自分自身を偽ることのできない身体反応として表れます。

心の声を聞くことによって、「自分は本当はどうしたいのか」を知る手がかりを得ることができます。そうして、自分の本心に触れると、いてもたってもいられなくなる。そんな状態が呼び起こされます。

この状態になると、人は自発的に行動できるようになります。義務感や外の圧力から解放され、自分らしい生き方を選択できるようになるのです。

自分の心の声を聞く3つの質問

「心の声を聞く方法」をお伝えします。

まず、心が落ち着けるような静かで集中できる場所に移動し、呼吸が通りやすいリラックスした姿勢をつくります。ゆっくりと深呼吸を3回ほどしたら、次の3つの質問を順番に自分にしてみてください。その時、質問から浮かび上がる情景を思い浮かべながら、自分と向かい合うことが大切です。

【心の声を聞く質問】

①もし、人生の最後を迎えたとしたら、やれなくて後悔することは何か？

②やりたくてもできなかった理由は何か？

③本当はどうしたかったのか？

この質問が効果的なのは、目の前の状況に意識を奪われ思考停止している状態から、未来の状況に意識を向けさせ、心のスペースを広げることができるからです。

心のスペースに余裕がない状態では、心の声を聞くことは難しくなります。

3つの質問に対して、できるだけ具体的にたくさん書き出すことがポイントです。情景が浮かび上がるくらいまで書き出してみましょう。

すべて書き出せたら、声を出して読み上げます。その時、自分の感情がどのように反応しているかに意識を向けてみましょう。

論理性や合理性は手放し、自分の心の声を聞いてみて、自分がどう感じているかに耳を傾けるのです。

実は、人間の本心というのは意識的に隠そうとしても隠せないのです。誰にもわからないようにしようとしても、身体の反応として表れます。

冷や汗だったり、目の動きであったり、顔色だったり、足の動きだったりと、必ず身体反応としてどこかに表れます。メンタリストのDaiGoさんがＴＶでよくやっている読心術なんかも相手の身体の反応を見て心の動きを読んでいるんですね。

つまり、心の声は、身体反応として表れるのです。

よく「胸に手を当てて聞いてみなさい」と言いますよね。まさに本心が身体の反応に表れるからなのです。

心の声を聞くことは、あなたの本心に触れること。

心の声に耳を傾け、本当の自分を発見した時に、人は自らの意思で動き出せるようになるのです。

人間は質問し続ける生き物である

あなたがしているプライマリークエスチョンは何か？

人は意識するしないにかかわらず、常に質問を繰り返しています。諸説ありますが、1日に数千回とか万を超えると言われています。

「今朝のニュースは？」「電車何時だったっけ？」「昼何を食べようか？」「私はなんでいつもミスするんだ？」「どうして彼は休みなの？」等々。

言葉に発する質問もあれば、心の中でぶつぶつ言っている質問もあり、無意識にしてしまっている質問もあります。

一見すると人は何気なく質問して普段生活しているようですが、実は質問が日々の日常に大きな影響を与えています。

特に、自分に対して最初に繰り出す質問で、自分の思考や行動パターンに強い影響を与えている質問を**「プライマリークエスチョン」**と言います。プライマリーは英語で、「最初の」とか「最重要の」を表す言葉です。

プライマリークエスチョンとは、たとえば次のような自分に対する質問です。

何かに失敗した時、「なんて自分はダメなんだろう？」
困難に直面した時、「どうしたら逃げられるか？」
人に感謝された時、「何か下心があるのだろうか？」

このようなプライマリークエスチョンをいつもしていたら、どうなるでしょうか？
間違いなくネガティヴ（否定的）な思考に陥ることでしょう。
反対にこんなプライマリークエスチョンをする人もいます。

何かに失敗した時、「この失敗から学べることは何だろう？」
困難に直面した時、「この困難は私に何を教えてくれるか？」
人に感謝された時、「さらにお役に立てることはないだろうか？」

2つのパターンを比較してみると、思考に与えるインパクトはどのように異なるか一目瞭然です。プライマリークエスチョンは、思考のプラス・マイナスに大きな影響を与えているのです。

そもそもなぜ質問がこれほどまでに思考に強い影響を与えるかというと、質問は、「思考の中に空白をつくる」からです。

次の図を見てください。どちらが気になるでしょうか?

通常は欠けた部分が気になって欠けた部分に意識が向きます。人は、欠けたもの（空白）を満たそうとする性質があるのです。

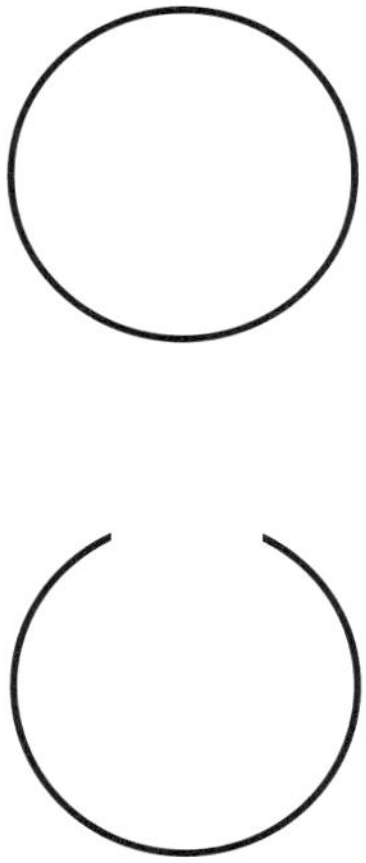

「あなたの名前は？」と聞かれたら、思考に空白が生まれ、空白を満たそうと考えます。そして、「私の名前は田中です」と答えて空白を埋めるのです。

このように質問には、思考の中に空白をつくり、空白を埋めるという機能があります。「あなたの名前は？」と聞かれたら、「自分の名前は何だ？」と思考するように方向付けられるのです。

これが**「思考の焦点化」**です。

思考の焦点化が繰り返されると、思考がパターン（思考の癖）化します。マイナス思考の人とか、プラス思考の人と言われるのは、プライマリークエスチョンによる影響を強く受けているのです。

なのでもし、マイナス思考をプラス思考に変化させたければ、プライマリークエスチョンをマイナスからプラスの質問に変化させればいいということになります。

何かに失敗した時、「なんて自分はダメなんだろう？」ではなく、「この失敗から学べることは何だろう？」と変換させることで、思考の焦点は変化します。これを意識して繰り返していくことでプラス思考になっていきます。

人は常に質問し続けています。そして、その**質問の数だけ、思考の焦点化が起こり、思考がパターン化されていく**のです。

このことに気がつくと、質問を変えれば人生すらも変化させることができるとわかるでしょう。

今の自分から変わりたければ、まずは、普段どのような質問を自分に投げかけているかを明らかにすることです。

自分を動かすＷｈｙの質問

Ｗｈｙは自分の本質を引き出してくれる

人はＷｈｙに従って生きている時、自分らしい人生を生きることができます。

Ｗｈｙとは、価値観や信念を指します。

「なぜ、あなたはそれをするのか？」という問いを立ててくれるのがＷｈｙです。

たとえば、「なぜあなたはプロコーチをしているのか？」という問いに対して、「人の成長に貢献したいから」という大切な価値観を導き出してくれます。これがＷｈｙの質問です。

世界的に著名な組織コンサルタントのサイモン・シネックは、自身の著書『Start with Why（Ｗｈｙから始めよ！）』（２００９年）の中で、人々の心を響かせ、動かすことのできる個人や組織は、Ｗｈｙからものごとをスタートさせている、と主張して

サイモン・シネックの「ゴールデン・サークル」

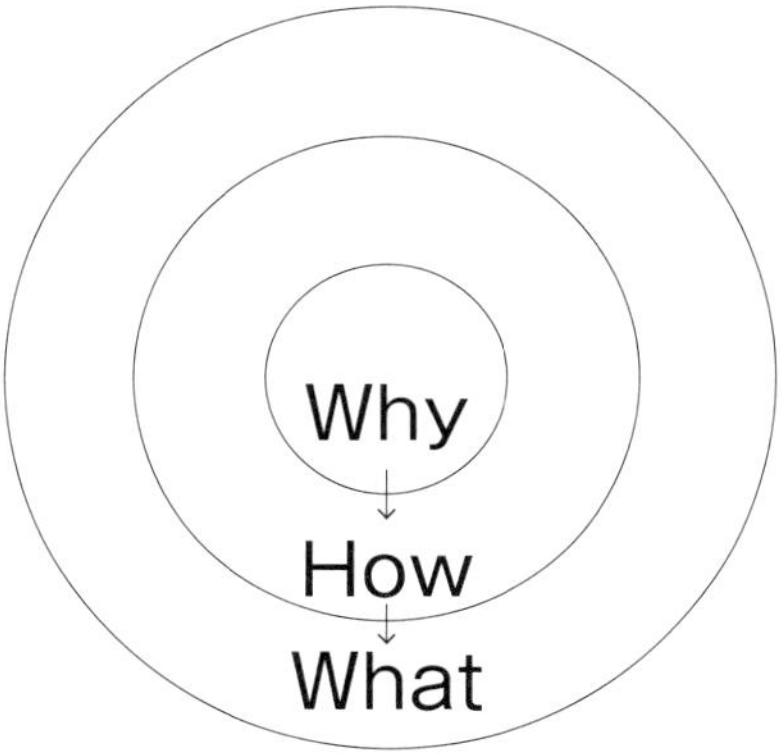

います。

彼は、円の中心のＷｈｙから始まり、ＨｏｗからＷｈａｔへと広がる思考の概念を「ゴールデン・サークル」と呼び、アップルなどの傑出した企業やマーチン・ルーサー・キング牧師といった偉大なリーダーたちは、このゴールデン・サークルの体現者だと説明しています。

Ｗｈｙは、理念、価値観、信念を指し、なぜ私（もしくは組織）が、それをやるのか、という目的を指します。Ｈｏｗは、それをどのようにやるのか、という手法です。Ｗｈａｔは、何をするのか、です。

サイモン氏は、多くの個人や組織が外の

ＷｈａｔからＷｈｙの順番に考えて行動しているのに対し、アップルが、ほかのコンピューター会社と比べて、圧倒的に抜きん出ている差は、中心のＷｈｙから外側のＷｈａｔへとメッセージを発しているからだと言っています。その事例を引用すると、

【ＷｈａｔからＷｈｙの例】

「我々は、素晴しいコンピューターをつくっています。美しいデザイン、シンプルな操作方法、取扱いも簡単。一台いかがですか？」

自社が何をしているか（Ｗｈａｔ）を説明し、どんな手法（Ｈｏｗ）かを伝え、だから購入しませんか（Ｗｈｙ）と呼びかけています。これが一般的。

【ＷｈｙからＷｈａｔの例】

「現状に挑戦し、他者とは違う考え方をする。それが私たちです。製品を美しくデザインし、操作法をシンプルにし、取扱いを簡単にすることで、私たちは現状に挑戦し

ています。その結果、素晴しいコンピューターが誕生しました。一台いかがですか？」

この例文では、「なぜそうするのか？」という理念（Ｗｈｙ）から始まり、その方法を説明し、何をしているかという真逆の伝え方をしています。

人々が購入しているのは、アップルの製品（Ｗｈａｔ）ではなく、アップルの理念（Ｗｈｙ）に共感して購入しているとサイモン氏は指摘しています。

このようにＷｈｙから始まる問いかけは、人や組織を動かす原動力となります。Ｗｈｙは、理念、信念、価値観といった高次の心理的欲求を満たす概念ですから、「衣食住」といった生存的欲求が満ち足りた世界においては、強烈に人を動かす要因となるのです。

私は独立前、Ｗｈｙについてちゃんと考えたことがありませんでした。

「起業して成功するには、どんな商品やサービスがいいのか？」（Ｗｈａｔ）

「どのようなスキルを身につけ、どのように事業を展開していけば成功できるのか？」（Ｈｏｗ）

そんなことばかり考えていたのです。

Ｗｈｙを考えていないと、商品やサービスが売れなくなったとたんに鞍替えして別のビジネスを始めたりします。そしてまたうまくいかないと鞍替え。

「一体自分は何をやりたいのか？」と真剣に悩んだことがありました。その後、独立してから、Ｗｈｙについて深く考えるようになり、自分の価値観や企業理念を明確にしていきました。

その結果、自己実現および組織変革を専門とするプロコーチ兼コンサルタントとして充実した毎日を送ることができるようになったのです。

Ｗｈｙは、「なぜ、自分はそれをするのか？」と問いかけた時、自分の本質を引き出してくれます。

Ｗｈｙは、自分の心の声を聞くための大事なステップ。Ｗｈｙに対する答えが明確になった時、人は自ら主体的に動き出すのです。

自分にどう問うかで、パフォーマンスが決まる

――未来志向の質問が現実を引き寄せる

パフォーマンスが高い人は、どのような問いを自分にしているか？

優秀な人々が集まる外務省やＪＩＣＡ、あるいは億を稼ぎ出している有名起業家の方々を間近で見てきた経験から言えることは、「未来志向の質問」をしている、ということです。

未来志向の質問とは、「成功している自分はどんな自分だろうか？」とか、「困難を乗り越えた自分が手にしているものは何だろうか？」のような質問です。

このような質問は、「既に実現できている（成功している自分、困難を乗り越えた自分）」ことが前提となっているという特徴があります。

脳科学でも言われていますが、脳は「現実」と「想像」を区別できません。

たとえば今、酸っぱいレモンを想像してみてください。そのレモンを皮ごと丸かじりしている自分を想像してください。口の中が酸っぱくなり唾液が出てきませんでしたか？

実際にレモンをかじったわけでもないのに、本当にレモンをかじった時と同じ身体反応が起きるわけです。

ほかにも、「既に夢が実現している」ことを想像しただけで人は幸せな気分になります。これは、脳が実際には「現実」と「想像」の区別ができていないからなのです。

この脳の特徴をうまく活用すると、脳は「想像＝現実」の状態をつくり出します。

言い方を換えるならば、「できて当たり前の状態」の感覚をつくり出せるということです。

パフォーマンスが高い人の多くが口にするのは、「できて当たり前」です。

もちろん、何度も練習している場合もありますが、成功する人は「できなかったらどうしよう？」という質問はしません。「できて当たり前」とは、「強がり」や「はったり」とはまったく異なる、「それは極めて自然」という感覚です。

この感覚を持つことができると、「実現することは難しい」とか「自分には不可能」といった、やる気を奪い行動を阻害するネガティブマインドから解放されます。

このような「できて当たり前」の状態をつくり出す質問を、「未来志向の質問」と言います。先ほどお伝えしたように、未来志向の質問の特徴は、「既に実現している、できている」ということが質問の前提に含まれています。

未来志向の質問を使うと、現実化する

私のクライアントさんの多くが成果を出している理由のひとつは、「未来志向の質問」を効果的に使っているからです。

私自身も自分に問いかける時にこの「未来志向の質問」を積極的に使っています。

たとえば、

「出版を実現した自分が手にしていることは何だろうか？」

という質問です。私が最初の商業出版を実現したのは、独立起業してわずか2カ月後でした。独立後の実績はほぼゼロ。本を書いたことなど、もちろん一度も経験はありません。

なのに、なぜこんな夢のようなことが実現できたのでしょうか？

それはまさに、未来志向の質問を問い続け、出版を実現した自分を想像し、その先に手にしている未来が自分にとって当たり前という感覚を再現し続けたからです。

この未来志向の質問を独立する1年以上前からほぼ毎日行っていました。

脳が「想像＝現実」と自然に思えるように、この質問によってイメージングを行ったのです。

私が想像した未来は、私の本が全国の書店で平積みされ、出版記念パーティーで仲間と一緒に感動を分かち合っている、という未来でした。そして、まさに現実はそのとおりになりました。

なので実は、書店に平積みされた著作本を見た時、思ったほど感動しなかったのです。なぜなら、「当たり前感覚」が染みついていたから。

当たり前感覚は、実際にその場面が目の前の現実として現れた時、緊張することもなく、怖じけづくこともなく、疑うこともなく、極めて自然に受け入れられるマインドの状態をつくってくれます。

だからこそ、高い確率でパフォーマンスを発揮させたり、成功したりすることができるのです。

未来志向の質問には、そのようなパワーが備わっているのです。

人生は質問次第で変えられる

――「すぐに答えられない質問」に向き合ってみる

質問のすごいパワーのひとつは、人の意識を変えてしまえること。身近な質問で試してみましょう。

最初に、あなたの部屋にある物すべてをつぶさに観察してみてください。部屋の中に何があるか十分に確認してから、次の質問に答えてみてください。

「部屋の中に赤色の物はどれだけあるでしょうか？」

この質問によって、あなたの意識は部屋の中にある赤色の物にフォーカスされます。すると不思議なことに、最初に観察した時には気づかなかった赤色の物が次々と鮮明に浮かび上がります。最初とは違った世界が見えるのです。

仮にネガティブな質問をしたらどうなるでしょうか？

たとえば、「なぜ自分はいつも不幸なんだろうか？」と自分に質問したとします。

その結果、なぜなら自分は「バカだから」とか、「運がないから」とか、「何の取り柄もないから」とか、ネガティブな方向に意識がフォーカスされます。そうすると、自分の見える世界はネガティブな世界として映し出されるのです。

この例のように、**質問には人の意識を特定の方向にフォーカスさせるパワーがあります**。質問はフォーカスをつくり、そのフォーカスによってその人の見える世界が浮かび上がる。だから、質問は人生を変えるほどのパワーを持っているのです。

自分がすぐに答えられない質問をせよ

では、自分にどんな質問をすれば、人生を変えることができるのでしょうか？

それは、「すぐに答えられない質問」をすることです。

答えるのに長時間を要する「未知の領域」の質問です。

即答できるような質問は、既知の領域ですから人生に大きな変化を起こしにくい。何度も自分と向き合って「心の声」が本当に聞けた時に、ブレークスルーが起こるのです。

人生に変化を与える質問は次のような3パターンの質問です。

①可能性を開く質問

「もし、自分にしかできないことがあるとしたらそれは何か？」

「もし、何の制約もないとしたら、何に挑戦してみたいか？」

「もし、ゼロからやり直せるなら、どうしたいか？」

②逆境を乗り越える質問

「この失敗から学べることがあるとしたら、それは何だろうか？」

「この逆境を乗り越えた3年後の自分は、どれほど成長しているだろうか？」

「死があるということは、人生にどんな価値を与えてくれるだろうか？」

③感謝・貢献の質問

「愛する人の何に感謝できるだろうか？」

「生きていて感謝できることは何だろうか？」

「目の前の人に貢献できることがあるとしたらそれは何だろうか？」

これらの質問は、即答できるような質問ではありません。時間をかけながら自分と向き合うことで初めて腑に落ちる答えが出てきます。その答えが与えてくれる大きな気づきによって、人生が変化していくのです。

このような大きな変化を促す質問の特徴として、「（もし）……だとしたら……」という「現状の思考枠を外す」フレーズが使われます。

心理学では、as if（もし～なら）フレームと呼ばれたりしますが、ポジティブな形で使うと、とても効果的です。先ほどの質問パターンで言うと、①可能性を開く質問が当てはまります。

ひとつお伝えしたいことは、質問に向き合う姿勢が大切だということ。素晴しい質問をつくり出せても、その質問に対して真剣に向き合う姿勢がなければ、効果は得られません。

真剣に自分と対峙してこそ、「本当の心の声」を聞くことができるのです。

人類の進歩は、質問によって成し遂げられてきました。

「空を飛べたらどんなに素晴しいだろうか?」

すぐには答えられないような質問だからこそ、大きな変化を与えてくれたのです。

自動車や飛行機の発明、IT革命や人工知能の発達は、人が自ら問いかけた質問の結果です。質問次第で人生を変えることは実際にできるのです。

「聞く力」を伸ばせる人だけが、生き残る

——本当の答えは自分しか知らない

人は社会と関わりながら生きていく必要があります。社会の中で生き抜いていくには、「自分は何者なのか？（Who am I?）」を理解していないと仕事につくことすらできません。

たとえば、自分の強みやセールスポイントを理解していなければ、就職面接に合格することは難しいですよね？

また、社会の環境に適応していくためにも、自分自身のことをよく理解していないと、「どのような環境が自分にとってベストなのか？」すらわかりません。

なので、自分の声（本心）を聞き、自分を理解することが必要です。

たとえば「自分はどうなりたいのか？」、「自分が大切にしていることは何か？」、「自分は本当はどうしたいのか？」という問いに対して真摯に自分と向き合ってみる。

その問いから聞こえてくる自分の声を知ることがとても大切です。

私はコーチとしてさまざまな方々と関わってきた中で、自分を押し殺し、自己犠牲しながら必死にもがいている人を数多く見てきました。特に会社組織で働いている人は、心身を壊してまで働き続けたり、周囲に気を使って神経をすり減らしたり、ひどい状況のまま自分を放置しています。

自分の声に耳を傾けずに、自己犠牲を繰り返すと、何のためにこの世に生まれてきたのかわからずに自分を見失ってしまいます。

「本当はどうしたいのか？」

人は理解された時に存在が承認されたと認識します。

自己理解は、自己の存在承認と同じ。自分が本当はどうしたいのかを理解できた時、自分の存在を承認してあげることができます。

それが「生きる力」の原動力となっていく。だからこそ、自分の声に耳を傾け、自分を理解してあげることが大切なのです。

ダーウィンの進化論はご存じかと思います。

「適者生存（Survival of the fittest）」

世の中は、強い者が生き残るのではなくて、環境に適応した者が生き残る、という有名な原理です。ですが、これは何も自分に合わない環境に無理矢理、自分を適合させることではありません。

自分の声を聞き、自己理解を深めた人は、自分に適した環境を見つけ出すことができます。あるいは、自分に合った環境を自ら創り出すこともできます。

そして、その環境で伸び伸びと自分らしい人生を生きていくことができるのです。

２０１６年１月。私はエジプトのナイル川のほとりにいました。外交官の職務を終えて帰国後まもなく、エジプトの小学校建設プロジェクトのため、ＪＩＣＡの調査団に参加していたのです。

その日の調査を終えて、夕焼けに染まったナイル川の雄大な流れを眺めていました。

私はどうしようもなく迷っていました。

このまま組織に残るか、独立するか？


これまで何年もそのことを考え続け、独立するために膨大な時間とお金をかけて、コーチング、コミュニケーション、心理学などを学び準備を進めてきました。

そして、2016年になったら決断しようと心に決めていたにもかかわらず、いざ決心しようとすると職場のこと、家族のこと、将来の不安などで頭の中が一杯になり、迷い始めてしまったのです。


「自分は、本当はどうしたいのか？」


オレンジ色に染まったナイル川はただ悠然と流れていました。

1時間は過ぎたでしょうか。答えはまだ出てきませんでした。私は、天国にいる妹に聞いてみました。

「なあ、俺は本当はどうしたいんか、教えてくれ」

妹は答えました。

「お兄ちゃんは、自分がやりたいようにやったらええよ。自分の人生なんやから、自分を信じてやったらええよ」

突然、涙が溢れ出てきました。まったくわけがわかりませんでした。

「そうやな。そのとおりやな」

私は、この時に初めて独立することを決心しました。本当の自分の声を聞くことができたのです。


それから私は、さらに自己理解を深めるために「自分にとって大切なことは何か？」を自分自身に対して問い続けました。

自由と責任、成長と貢献、感動と喜び、愛と感謝、家族と仲間。それらが自分にとって何より大切なものかがわかりました。

その結果、組織に残るよりも、独立して自分が理想とする人生を実現していける環境のほうが、より自分の人生の目的に合っていることを確信したのです。

自分に合った環境に身を置くことで、私の人生は、自分が想像していたよりもずっと豊かに、そして、より幸せなものへと変化していきました。

「聞く力」を伸ばすということは、自己理解を深めることと同じです。

他者がどう言おうと、世間の常識がどうであろうと、自分の心の声はどう言っているのかに耳を傾ける。

本当の答えは自分しか知らない。自分の声を聞いてあげることが、豊かな人生を実現していくために大切なことなのです。

おわりに

「聞く力」は無限の可能性を秘めています。

本書ではそのことをさまざまなかたちでお伝えしてきました。「聞く力」の可能性について理解を深めた時、これまで難しいことのように思えた人間関係の悩みや仕事の問題にも十分に対処することができるようになります。

世間一般的には、「聞く」という行為は目立たず、受け身的な姿勢のように受け取られることが多いことでしょう。実際、話が上手い人は人目を引きますし、世間的にも受けがいいように思われたりします。

ですが、「聞く」という行為は、実際にはとても能動的な行為であり、そのパワーは計り知れません。コーチングをしていて私は常に感じるのですが、人が主体的に動き出すのは、人からアドバイスを受けたり、指示命令されたりした時ではなく、自分のことをちゃんと聞いてもらった時です。

つまり、自分のことを聞いてもらって「私は受け入れられた、理解してもらった」と感じた時に、人は自らの意思で主体的に動き出します。

世の中には「指示しても部下が動いてくれない」とか「教えても子供が言うことを聞かない」とかで悩んでいる管理職や親御さんが大勢いらっしゃいます。

そんな時大切なのは、的確に指示命令を下すことや、懇切丁寧に教えることではなく、「相手のことをしっかりと聞いてあげる」ことなのです。相手が今どんな状況なのか、どんな気持ちでいるのか、何の価値判断もせずにただただ聞いてあげる。

人は本当に理解してもらった時、自分という存在を肯定的に受け入れることができます。

これを「自己受容」と言いますが、自己受容できると、自信やエネルギーがみなぎり、行動力やパフォーマンスが上がってきます。もし、人に動いてもらいたかったら、相手のことをちゃんと聞いてあげる。それがとても大切なのです。

「聞く力」は、人を動かすだけに留まりません。

本書でお伝えしてきたように、聞く力を身につけると、人に好かれる、信頼関係がつくりやすくなる、リーダーシップを発揮できる、会話力が高まる、情報収集力が磨かれる、仕事のパフォーマンスが上がる、より豊かな人間関係を築くことができる等々、とても多くの素晴しい成果をもたらしてくれます。

また、他者だけでなく自分の声も聞けるようになると、自己理解が深まり、より充実した自分らしい「本当の人生」を送ることもできるようになります。

「聞く力」は、あらゆる人生の局面において「最強の武器」となるのです。

本書を手にとってくださった方々が、「聞く力」を身につけて充実した毎日を過ごされるならば、著者としてこれ以上の喜びはありません。本書を通じてあなたと出会えたご縁に心から感謝いたします。

最後になりますが、本書を世に出すきっかけを与えてくださった編集者の鹿野哲平さんには本当にお世話になりました。鹿野さんが私の才能を引き出してくださったおかげです。本当にありがとうございました。本書を出版してくださったフォレスト出版の皆様にはこの場を借りて心から御礼申し上げます。

また、若くしてこの世を旅立たれた堀江信宏さんに感謝の気持ちをお伝えします。本書には堀江さんから学んだ数々の教えが引き継がれています。堀江さんは私のメンターでもありました。

そして、私をいつも応援してくれているコーチ仲間の皆さん、志師塾の皆さん、元職場の外務省やＪＩＣＡでお世話になった皆さん、友人の皆に心から感謝いたします。

最後に、最愛の妻と2人の息子、私と妻の両親、天国から私を見守ってくれている妹に愛と感謝の気持ちを伝えます。本当にいつもありがとう。

國武大紀

【主要参考文献】

堀江信宏著『人生の悩みが消える自問力』（ダイヤモンド社、2017年）
安田正著『超一流の雑談力』（文響社、2016年）
スーザン・ケイン著、古草秀子訳『内向型人間の時代』（講談社、2013年）
八木昌美著『マネジャーとして一番大切なこと』（ダイヤモンド社、2018年）
岩松正史著『ねえ、私の話聞いてる？と言われない「聴く力」の強化書』（自由国民社、2014年）
東山紘久著『プロカウンセラーの聞く技術』（創元社、2000年）
山崎啓支著『コーチングハンドブック』（日本能率協会マネジメントセンター、2016年）
ヘンリー・キムジーハウス、キャレン・キムジーハウス、フィル・サンダール共著、CTIジャパン訳『コーチング・バイブル第3版』（東洋経済新報社、2012年）
アダム・グラント著、楠木建訳『GIVE&TAKE「与える人」こそ成功する時代』（三笠書房、2014年）
サイモン・シネック著、栗木さつき訳『WHYから始めよ！ インスパイア型リーダーはここが違う』（日本経済新聞出版社、2012年）

【著者プロフィール】

國武大紀（くにたけ・だいき）

エグゼクティブコーチ
株式会社 Link of Generation 代表取締役
1972 年生まれ。滋賀県長浜市出身。

大学卒業後、第一勧業銀行 (現みずほ銀行) に入行するも、努力しても認めてもらえない自分に失望し、わずか 1 年半で退職を決意。社会人として最初の挫折を味わう。自分の行き場を見失い、様々な職業を転々とするが、一念発起して JICA(国際協力機構) に就職。以後 16 年間にわたり、発展途上国の国際協力に従事。

世界 40 カ国以上を渡り歩き、計 300 件を超える発展途上国の組織開発やグローバル・リーダー人材の育成などで実績を上げる。その後、数々のノーベル賞受賞者や各国首脳等リーダーを輩出してきた LSE(ロンドン政治経済大学院) に留学し、組織心理学の修士号を取得。名古屋大学大学院 (国際開発研究科) 客員准教授として指導した経歴も有する組織心理学のプロフェッショナル。

また、JICA 労働組合の執行委員長を歴任したのち、外交官 (OECD 日本政府代表部一等書記官) となり、日本政府の国際援助政策の政策立案や国際交渉の第一線で活躍。

現在は、エグゼクティブコーチング、自己実現コーチング、およびプロコーチ養成などを行うほか、リーダーシップ開発や組織変革を専門とするコンサルタントとしても活躍している。

著書に『評価の基準』（日本能率協会マネジメントセンター）がある。

公式ホームページ http://coach-leaders.com/
公式 Facebook https://www.facebook.com/linkofgeneration/

「聞く力」こそが最強の武器である

2019 年 1 月 8 日　　初版発行
2019 年 2 月 15 日　　4 刷発行

著　者　國武大紀
発行者　太田　宏
発行所　フォレスト出版株式会社
〒 162-0824 東京都新宿区揚場町 2-18　白宝ビル 5F
電話　03-5229-5750（営業）
03-5229-5757（編集）
URL　http://www.forestpub.co.jp

印刷・製本　日経印刷株式会社

ISBN978-4-86680-013-4　Printed in Japan
乱丁・落丁本はお取り替えいたします。